OBSERVATIONS

SUR

LE SYSTÊME ACTUEL

D'INSTRUCTION PUBLIQUE.

OBSERVATIONS

SUR

LE SYSTÊME ACTUEL D'INSTRUCTION PUBLIQUE;

PAR LE C^en DESTUTT-TRACY,

Membre du Sénat-Conservateur, et membre associé de l'Institut national.

À PARIS,

CHEZ LA Ve PANCKOUCKE, IMPRIMEUR-LIBRAIRE, rue de Grenelle, Faubourg Germain, N° 321.

AN IX.

AVERTISSEMENT.

Je comptais ne faire paraître ces Observations qu'après avoir publié des Élémens de Grammaire générale, à l'usage des écoles centrales. J'aurais même desiré qu'auparavant il existât aussi un ouvrage élémentaire fait dans le même esprit, pour le cours de Morale et Législation, et pour celui d'Histoire. Car si l'on ne peut bien se décider soi-même sur la forme que l'on voudrait donner à une école publique, qu'après avoir déterminé dans sa pensée ce qui doit être enseigné dans cette école; de même l'on ne peut faire adopter aux autres le parti que l'on a pris, et leur en bien faire sentir les motifs, qu'en leur présentant un peu en détail le plan de cet enseignement. Tout projet d'établissement d'instruction publique devrait donc être accompagné de la collection des ouvrages élémentaires destinés à servir de texte à chacun de ses cours, ou au moins d'un programme circonstancié de ces différens cours.

Cette précaution serait surtout nécessaire pour les parties de l'enseignement qui n'ayant pas eu lieu jusqu'à présent en France, ou du moins y ayant été infiniment plus négligées que dans les autres États de l'Europe, y sont nécessairement moins connues, et dont la nécessité n'est pas aussi généralement sentie. Tout ce qui est nouveau dans un pays, et surtout dans le nôtre, quoique très-commun ailleurs, a besoin d'être extrêmement appuyé pour être approuvé.

Cependant, comme l'on s'occupe vivement de l'instruction publique, et que l'on est au moment de prendre un parti sur la forme des maisons d'éducation, j'ai craint, en différant, que mes observations n'arrivassent qu'après la décision de la question ; et qu'ainsi le peu d'utilité dont elles peuvent être ne fût totalement perdu. Je me suis donc déterminé à les publier, sans attendre les ouvrages qui auraient dû leur servir d'appui. Au reste, la seule chose que je demande à mes lecteurs, est de se bien persuader *qu'on ne saurait faire un bon plan d'écoles, sans commencer par faire un bon plan d'études.* C'est là, suivant moi, le principe fondamental sans lequel on ne marche qu'au hasard.

A l'égard du plan d'études que je propose, je ne ferai que cette réflexion bien simple : Tout homme qui parle, a des idées d'Idéologie, de Grammaire, de Logique et d'Éloquence. Tout homme qui agit, a ses principes de Morale privée et de Morale sociale. Tout être qui seulement végète, a ses notions de Physique et de Calcul; et par cela seul qu'il vit avec ses semblables, il a sa petite collection de faits historiques et sa manière d'en juger. Ainsi il faut absolument former ses opinions sur tous ces points, ou le livrer à l'effet irrésistible du concours fortuit des circonstances qui produit tant d'esprits faux et tant d'idées absurdes, par la grande part qu'ont à ses résultats la foule des ignorans et l'activité des trompeurs.

Si l'on veut y penser un moment, je me persuade que l'on sentira que l'enseignement doit aller au-devant de tous ces genres d'erreurs, et par conséquent s'étendre à tous ces genres de connaissances. Car, comme dit Rousseau, si l'arbrisseau que j'élève était au fond d'un désert, je pourrais le livrer à lui-même ; mais il est au milieu d'un chemin, il faut que je l'entoure d'une barrière, pour qu'il ne soit pas heurté par tous les passans.

Telles sont les considérations qui ont fixé mon opinion. Quant à mes motifs, j'espère qu'ils ne paraîtront douteux à aucun de ceux qui me liront. Je n'en ai pas d'autre que le desir d'être utile et l'amour du bien.

On trouvera ici une copie de la loi du 3 Brumaire an IV, parce qu'elle peut n'être pas présente à l'esprit de tous mes lecteurs, et que je m'y réfère continuellement.

OBSERVATIONS

SUR

LE SYSTÊME ACTUEL

D'INSTRUCTION PUBLIQUE.

S'IL était question de faire le plan d'un systême complet d'Instruction publique, je ne me mettrais pas sur les rangs pour résoudre un problême si difficile. Je regarderais cette tâche comme au-dessus de mes forces. Mais celle que je m'impose est bien plus aisée ; je ne veux que prouver que nous en avons un excellent ; que ses bases ne laissent absolument rien à desirer ; qu'il a déjà produit beaucoup de bons effets et pas un mauvais ; et que pour en retirer tous les avantages que nous avons droit d'en attendre, il ne s'agit que d'en bien connaître l'esprit, afin d'en mettre successivement en activité toutes les parties et de les coordonner entre elles, et sur-tout afin d'éviter des mesures partielles qui, sortant du systême général, en dérangent l'ensemble et le rendent méconnaissable. Tel est le but que je me propose ; et je crois qu'il me sera facile de l'atteindre au moyen de quelques réflexions très-simples.

Deux classes d'hommes à instruire.

Je remarque d'abord que dans toute société civilisée, il y a nécessairement deux classes d'hommes ; l'une qui tire sa subsistance du travail de ses bras, l'autre qui vit du revenu de ses propriétés, ou du produit de certaines fonctions, dans lesquelles le travail de l'esprit a plus de part que celui du corps. La première est la classe ouvrière ; la seconde est celle que j'appellerai la classe savante.

Les hommes de la classe ouvrière ont bientôt besoin du travail de leurs enfans ; et les enfans eux-mêmes ont besoin de prendre de bonne heure la connaissance, et sur-tout l'habitude et les mœurs du travail pénible auquel ils se destinent. Ils ne peuvent donc pas languir long-tems dans les écoles. Il faut qu'une éducation sommaire, mais complette en son genre, leur soit donnée en peu d'années, et que bientôt ils puissent entrer dans les atteliers ou se livrer aux travaux domestiques ou ruraux. Il faut de plus que les écoles où ils reçoivent cette éducation abrégée soient assez à portée d'eux pour qu'ils puissent en suivre les leçons sans quitter la maison paternelle : car leurs parens ne sont pas en état de les soutenir hors de chez eux.

Ceux de la classe savante, au contraire, peuvent donner plus de tems à leurs études ; et il faut nécessairement qu'ils en donnent davantage ; car ils ont plus de choses à apprendre pour remplir leur destination, et des choses que l'on ne peut saisir que quand l'âge a donné à l'esprit un certain degré de développement. Ils peuvent d'ailleurs sortir de la maison paternelle et se transporter près des écoles. Il faut même qu'ils soient dans des maisons d'éducation ou qu'ils aient chez eux des instituteurs particuliers ; car le genre d'étude qui leur est nécessaire exige que des répétiteurs surveillent et dirigent le travail qui doit suivre les leçons qu'ils reçoivent, sans quoi elles ne seraient d'aucune utilité.

Voilà des choses qui ne dépendent d'aucune volonté humaine ; elles dérivent nécessairement de la nature même des hommes et des sociétés : il n'est au pouvoir de personne de les changer. Ce sont donc des données invariables dont il faut partir.

Deux genres d'Écoles publiques.

Il suit de là que les écoles des enfans de la seconde classe n'ont pas besoin d'être très-multipliées. Leur nombre doit même être assez restreint, afin qu'elles puissent être meilleures, et réunir autour d'elles tous les établissemens publics et particuliers nécessaires à leur succès. Le cours de leurs études doit être d'une assez longue durée.

Celles des enfans de la première classe, au contraire, doivent être en très-grand nombre, afin que tout citoyen en ait une à sa portée ; elles peuvent y être, parce qu'elles n'exigent ni grands préparatifs, ni établissemens qui en dépendent, ni talens supérieurs. Leur cours d'études doit être beaucoup moins long, mais être complet dans son genre. Il doit être un abrégé de celui des autres écoles, mais il n'en doit pas être une partie. Il ne faut pas croire que l'on remplît son but, en y substituant l'enseignement des deux ou trois premières années de ces écoles plus savantes. Ce n'est pas faire l'abrégé d'un livre que d'en prendre les premières pages, et de laisser le reste. Ces deux cours d'études doivent donc être essentiellement différens, parce que leur objet n'est pas le même, et que leurs méthodes d'enseignement doivent différer aussi.

Concluons que dans tout Etat bien administré et où l'on donne une attention suffisante à l'éducation des citoyens, il doit y avoir deux systêmes complets d'instruction, qui n'ont rien de commun l'un avec l'autre. C'est aussi ce qui est chez nous au moins en projet. Les écoles dites primaires et les apprentissages des différens métiers ; voilà l'éducation de la classe ouvrière : les écoles centrales et spéciales, voilà celle de la classe savante ; et je ne conseillerais pas plus de donner celle-ci à un enfant destiné à être artisan, que de donner la première à celui qui doit devenir homme d'état ou homme de lettres, dût-on abréger l'une ou prolonger l'autre ; encore une fois, elles sont essentiellement distinctes de par l'autorité invincible de la nécessité. Mœurs, besoins, moyens, tout est différent entre ces deux espèces d'hommes. C'est ce qui se verra mieux encore quand nous parlerons des écoles primaires.

Aussi avons-nous deux Systêmes complets d'instruction publique.

J'ai beaucoup insisté sur cette première considération, parce que je regarde comme une grande erreur de croire que les écoles primaires se lient avec les écoles centrales et en sont comme le vestibule ; et je vois que cette erreur a pénétré même dans de très-bons esprits. Peut-être cela vient-il de ce nom d'école primaire qui semble indiquer un premier degré ; car les mots ont une bien grande influence sur les idées : c'est pourquoi je serais d'avis de changer cette dénomination. Quand une fois on a adopté la fausse vue qu'elle suggère, il me paraît impossible de rien comprendre au véritable esprit de notre système d'instruction publique.

Il faut commencer par l'éducation de la Classe savante.

Ce premier point éclairci, je vais parler d'abord de l'éducation de la classe savante, premièrement, parce que pour mettre l'autre en pleine activité, je crois que dans ce moment nous manquons à la fois de moyens, de maîtres et d'élèves : secondement, parce que quand on veut rendre générales des idées saines et de bonnes méthodes, il faut commencer par réunir et employer ceux qui les connaissent et qui les goûtent, et s'en servir pour les faire entrer dans un plus grand nombre de têtes, d'où ensuite elles se propagent et se répandent de proche en proche, et pénètrent bientôt jusqu'aux dernières classes de la société. Quand on veut enseigner un nouvel exercice à un régiment, il faut d'abord que les chefs l'apprennent : puis ils l'enseignent aux officiers particuliers, ceux-ci à leurs sous-officiers, et ceux-là aux soldats. Il en est de même de toute instruction. Si une fois l'éducation de la classe savante de la société a un plein succès, on verra se former dans son sein d'excellens maîtres pour la classe ouvrière, et on la verra lui fournir une foule de moyens d'instruction, et lui inoculer le desir d'en profiter; desir sans lequel rien n'est possible : commençons donc par nous occuper de l'éducation de la classe savante, et parlons de sa durée.

Elle dure 20 ans, et a trois degrés, *domestique*, *générale* et *spéciale*.

La vie de l'homme a une étendue limitée; elle est partagée en périodes fixes dont nous ne saurions changer la destination. C'est encore là une loi de la nature sur laquelle nous ne pouvons rien : nous devons donc y conformer nos institutions : quand la loi de la conscription ne viendrait pas nous avertir qu'à vingt ans le jeune homme peut être appelé à servir activement sa patrie, et doit être capable de la servir utilement, il n'en serait pas moins vrai qu'à cet âge où l'homme dans nos climats a atteint son entier développement, et où ses forces et ses passions ont toute leur énergie, il doit commencer à agir, et ne peut plus être réduit uniquement à amasser des matériaux pour l'avenir; l'éducation proprement dite doit donc être finie à peu près pour cette époque.

De ces vingt années, les huit premières se passent en général sans que l'enfant soit capable d'un travail assez assidu et d'une application assez soutenue pour pouvoir être envoyé à des leçons publiques et placé dans des maisons d'éducation. Sa présence affaiblirait et troublerait ces leçons, et dérangerait ces maisons sans qu'il en retirât aucun fruit réel, peut-être même y prendrait-il des dispositions pernicieuses à beaucoup d'égards. C'est donc sous les yeux des parens que doivent se passer ces huit ou neuf premières années; elles sont bien employées si l'enfant a appris à lire et à écrire, et a reçu quelques notions purement préparatoires, s'il a contracté de bonnes habitudes, et s'il a acquis ces heureuses dispositions de l'esprit que ne manque point de donner plus ou moins la société habituelle d'hommes qui ont une bonne éducation et des mœurs libérales; et, je le répète, ce n'est point, du moins en général dans les écoles dites primaires, qu'il peut aller chercher ces préliminaires du rôle qu'il doit jouer pendant tout le cours de sa vie. Elles ont une autre destination.

Quoi qu'il en soit, il reste donc pour la classe que j'ai nommée savante, et qui doit l'être, puisqu'elle a le tems de le devenir, onze ou douze ans à partager entre les écoles dites centrales et les écoles spéciales. Ces dernières, comme l'indique leur nom, ont pour objet de donner au jeune homme les connaissances spécialement nécessaires à l'état qu'il doit embrasser. Notre systême d'instruction publique leur réserve avec raison un espace de trois ou quatre ans : il en laisse environ huit aux écoles centrales, par lesquelles on doit passer auparavant, et dans lesquelles on doit puiser toutes les connaissances générales, nécessaires à un homme bien élevé, quel que soit l'état auquel il se destine. (1). Par cette raison j'aimerais mieux qu'on les appelât écoles générales par opposition à écoles spéciales, cela rappellerait leur véritable destination. Quoi qu'il en soit, par-

(1) A la vérité un article de la loi du 3 brumaire indique que l'on ne peut être admis aux Ecoles centrales qu'à 12 ans : mais cette disposition contredit tout l'ensemble du systême. Peut-être est-ce une inadvertance. Peut-être est-ce l'effet de quelque circonstance. Au reste, il est aisé de la faire disparaître, et cela est nécessaire pour rendre tout le reste exécutable.

lons d'abord de ces écoles centrales, nous viendrons ensuite aux écoles spéciales.

L'instruction générale doit embrasser les Belles-lettres, les Sciences physiques, les Sciences morales.

Notre système d'instruction publique nous montre, et la raison nous prouve, que ces connaissances générales, nécessaires à toute éducation complette, se rapportent à trois chefs principaux : les langues et les belles-lettres, les sciences physiques et mathématiques, et les sciences morales et politiques. Je ne parle pas des exercices du corps, de l'art du dessin, et des autres arts agréables. Ce sont des accessoires très-utiles, mais qui ne constituent pas le fonds de l'éducation. Il faut seulement ménager aux jeunes gens le tems de s'y exercer suffisamment. Quant à ceux qui voudraient les étudier pour en faire leur état, ils devraient s'y livrer de si bonne heure, et si exclusivement, qu'ils rentrent dans la classe de ceux que la nécessité d'un apprentissage précoce oblige de se borner à l'éducation sommaire. Ils pourraient bien profiter des leçons du professeur de dessin d'une école centrale; mais il leur serait impossible de suivre réellement l'éducation savante. Au reste, que l'on ne croye pas que je veuille les vouer à l'ignorance; nous verrons par la suite qu'il n'est pas de l'essence de cette éducation, que j'appelle sommaire, d'être renfermée toujours dans des limites très-étroites. Je reviens aux études, qui sont l'objet principal des écoles centrales.

Je disais donc qu'elles se rapportent à trois chefs principaux : les langues et les lettres, les sciences physiques et mathématiques, et les sciences morales et politiques (2). En effet, ces trois branches de connaissances sont les bases de tous les états savans de la société. Les langues et les belles-lettres sont principalement nécessaires à la carrière de la littérature et de l'érudition. Toutes les parties du génie civil et militaire, la profession de la médecine et plusieurs autres, dépendent particulièrement des sciences physiques et mathématiques ; et toute fonction civile ou politique exige impérieusement d'être versé dans les sciences morales et politiques. Il faut donc que chacun trouve dans les écoles centrales les ressources nécessaires pour arriver bien préparé aux écoles spéciales de ces différens états.

---

(2) Je comprends parmi les sciences physiques, l'Histoire naturelle ; et parmi les sciences morales, l'Histoire de l'intelligence humaine.

Mais ce n'est pas la seule raison qui fait que ces trois branches de connaissances doivent être cultivées dans les écoles centrales. Il en est une autre encore plus forte, et la voici : c'est que non seulement chacune des professions que nous venons de citer a besoin de celui de ces trois genres d'instruction qui lui correspond directement, mais encore on ne peut réussir dans aucune sans les posséder tous trois à un certain point. En effet, on ne peut être lettré ni érudit sans avoir au moins une teinture des sciences physiques et mathématiques ; d'un autre côté, on ne peut cultiver ces sciences avec quelques succès, sans savoir au moins une autre langue que la sienne. Les sciences morales et politiques ne peuvent pas davantage se passer de ces secours. Enfin, tout homme a besoin, comme homme, de connaître ses facultés intellectuelles ; et comme homme social, les principes de la morale privée et publique. Ainsi, toutes ces connaissances sont également nécessaires à tous jusqu'à un certain degré, (3)

(3) Cela est si vrai, que nous les retrouverons toutes, quoiqu'avec moins de développemens, dans l'instruction de la Classe moins studieuse, quand nous analyserons l'instruction des Ecoles primaires.

et c'est jusqu'à ce degré qu'elles doivent être enseignées dans les écoles centrales ; au-delà elles deviennent le domaine particulier de leurs écoles spéciales.

Tel est aussi le vœu manifeste de la loi qui établit les écoles centrales. Elle place dans chacune un professeur de langues anciennes et un de belles-lettres ; un professeur d'histoire naturelle, un de physique et un de mathématiques ; et enfin, un professeur de grammaire générale, un de morale et législation, et un d'histoire. Voilà bien les trois branches d'enseignement que j'ai annoncées ; et même si on ajoute un second professeur de langues anciennes, comme l'expérience universelle en a montré la nécessité, chacune de ces branches a un égal nombre de professeurs, chacune trois. Maintenant voyons quel parti nous devons tirer de ces neuf professeurs, ce qu'ils doivent enseigner, quel ordre ils doivent suivre, et quelles relations ils doivent conserver entre eux ; en un mot, traçons un plan d'études, c'est-là ce qui est vraiment instant. Des matériaux ne font un monument que quand ils sont placés dans un certain ordre.

Il n'y avait aucun plan dans les études des anciens colléges.

On n'a pas assez remarqué qu'il n'y avait aucune combinaison dans l'arrangement des études des anciens colléges ; elles n'en avaient nul besoin. Des trois branches de connaissances dont j'ai parlé, elles n'en embrassaient réellement qu'une, celle des langues et des lettres. Il ne fallait pas de bien profondes méditations pour arranger que l'on étudierait le latin pendant six ou sept ans, et ensuite la rhétorique pendant un ou deux ; à la vérité on plaçait à la fin de tout cela un prétendu cours de philosophie, que l'on faisait consister dans quelques notions faibles ou fausses sur la physique et la métaphysique. Mais cette philosophie était si généralement reconnue pour complettement défectueuse et inutile, qu'aucun élève ne faisait même semblant de l'étudier, à moins qu'il n'y fût forcé par des circonstances impérieuses, et que personne ne s'en embarrassait. C'est même cet abandon général qui empêchait de s'appercevoir qu'elle tenait la place de plusieurs connaissances utiles qui auraient dû être enseignées à différentes époques, et que si son étude avait été suivie, elle aurait donné une longueur démésurée à la durée de l'éducation ; car ces neuf ou dix années de collége n'étaient encore que le préliminaire des écoles spéciales de chaque état savant : rien n'était donc réellement prévu ni pour l'ordre, ni pour la durée, et ce n'a pas été un des moindres obstacles à la mise en activité d'une véritable instruction publique, ni élèves, ni professeurs n'étant accoutumés à coordonner entre elles différentes études : un véritable plan d'études est donc une chose à créer ; nous allons le voir se former de lui-même, en examinant l'esprit de l'institution.

Dans les nouvelles Ecoles, les trois études principales doivent marcher de front.

On enseigne dans les écoles dites centrales les langues et les lettres, les sciences physiques et mathématiques, et les sciences morales et politiques ; et on n'enseigne de ces trois branches de connaissances que ce qu'il est nécessaire à tous d'en savoir, et ce qu'il faut savoir de chacune pour réussir à un certain point dans les autres. Le vœu de l'établissement n'est donc pas qu'on les enseigne séparément à différens âges, qu'elles se chassent, pour ainsi dire, l'une et l'autre, et qu'elles soient successivement apprises et oubliées dans l'espace de huit ans ; mais bien que l'enfant soit graduellement et continuellement instruit et entretenu dans chacune depuis le commencement jusqu'à la fin du cours d'étude, et qu'à la dernière année chaque élève les possède, s'il se peut, également toutes trois, et soit également prêt à entrer dans les écoles spéciales qui leur correspondent.

Elles doivent donc toujours marcher de front, et chacune occuper plus ou moins de tems à toutes les époques, de manière à n'être jamais totalement perdue de vue.

Elles doivent s'entre-aider.

De plus, elles doivent s'entr'aider. Il faut avoir quelques notions préliminaires de différens genres pour comprendre un peu ce que l'on rencontre dans les livres, au moyen desquels on apprend une langue. Il faut avoir commencé cette seconde étude, et avoir une idée de la marche du calcul, pour être en état de réfléchir sur ses opérations intellectuelles. Une connaissance sommaire de celle-ci facilite à son tour l'étude des langues et des lettres et celle des sciences physiques et mathématiques, qui en revanche sont nécessaires pour apprendre réellement la législation et l'histoire, lesquelles à leur tour jettent un nouveau jour sur l'histoire philosophique de l'esprit humain, et sur les moyens de le diriger et de le persuader, la rhétorique et la logique.

Il faut donc que les diverses parties de ces trois branches d'études qui marchent de front soient combinées habilement, de manière à s'enchaîner suivant le besoin, et, pour ainsi dire, à s'engrener à propos les unes dans les autres.

Plusieurs parties de chacune doivent être enseignées à deux reprises.

Enfin puisqu'une même série de connaissances doit être enseignée plusieurs années de suite, et que pendant ce tems assez long il se fait des changemens bien notables dans la capacité des élèves, il s'ensuit que certaines parties, dont il a fallu leur donner des idées superficielles dans le premier âge, doivent être plus approfondies à des époques plus avancées. D'ailleurs cette nécessité n'est point un mal; car il est d'expérience qu'on ne possède bien un sujet que quand on l'a envisagé sous plusieurs aspects, et dans des circonstances différentes.

Il faut donc encore que de ces trois séries d'études, qui doivent marcher de front et s'entr'aider, certaines parties soient enseignées à différentes reprises, et envisagées sous un nouvel aspect à chaque époque.

Ainsi voilà trois données nécessaires à remplir. Faire marcher de front les différentes études, faire qu'elles s'entr'aident, et faire que certaines parties de chacune soient reprises à plusieurs fois. Je pense que le plan d'études, dont le tableau est ci-joint, (4) satisfait assez bien à toutes ces conditions. Je le présente sous cette forme, afin que l'on puisse en embrasser toutes les parties d'un coup-d'œil, et le critiquer plus facilement.

Exposition du Plan d'études par colonnes.

Si nous prenons ce tableau par colonnes, nous voyons dans la première un cours élémentaire de latin, qui est en même tems un cours de français ; un cours plus approfondi de latin et de grec ; un premier cours de littérature, dans lequel on enseigne l'art oratoire et l'art poëtique ; et un second cours de littérature, dans lequel, après avoir bien analysé les facultés de l'intelligence humaine, on explique en détail ses procédés dans l'art de raisonner et d'écrire, et on en déduit les causes des effets de l'éloquence, de la poësie et de tous les beaux arts, et les moyens d'en faire un usage habile et utile.

Dans la seconde colonne, on trouve un cours élémentaire de calcul, consistant uniquement dans les principes de la numération et les élémens de l'arithmétique, mais ensei-

(4) Voyez le tableau à la fin de l'ouvrage.

gnés de manière à préparer à aller plus loin; et un cours élémentaire de géographie physique, renfermant une idée générale du systême du monde, et des principaux êtres qui composent ce globe ou existent à sa surface; puis un cours de mathématiques pures, dans lequel on pousse l'étude de la géométrie et de l'algèbre aussi loin que le permettent l'âge et le tems des élèves; et un cours d'histoire naturelle, de chymie et de physique, lequel donne des connaissances suffisantes des trois règnes de la nature, et de toutes les parties de la physique, qui se démontrent par le moyen de l'expérience, et ne sont pas susceptibles de la rigueur du calcul; enfin un cours de mathématiques appliquées, dans lequel on reprend où on en était resté de la théorie de l'analyse algébrique, et où on l'applique à toutes les branches de la physique, qui sont de nature à être traitées par ce moyen. Le tout cependant n'est porté que jusqu'au point nécessaire pour être admis à l'école spéciale de ce genre de sciences; car il ne faut point d'excès, même dans le bien, ni qu'une occupation fasse tort à l'autre, surtout dans la partie de l'éducation qui est commune à toutes.

Enfin, dans la troisième colonne, qui commence un an plus tard, on remarque d'abord un cours élémentaire de géographie historique et politique, qui se borne à donner une idée de la surface du globe, et à placer dessus les principales sociétés qui existent ou ont existé, avec leurs traits les plus caractéristiques; ensuite un cours de grammaire générale, dans lequel, après avoir pris une première connaissance des opérations de son entendement, on observe la marche générale de l'esprit dans le langage, et on débrouille la théorie de sa langue et celle du latin, dont l'étude jusques-là a été presque toute pratique. Après celui-là vient le cours de morale et de législation, dans lequel, au moyen de cette étude sommaire de notre intelligence, on découvre aisément les sources de nos sentimens et les bases de nos vrais intérêts, comme individus et comme membres d'une société politique, d'où découlent les principes de la morale privée et publique. Enfin on trouve le cours d'histoire, dans lequel, en prenant une connaissance suffisante, mais abrégée des faits, et surtout de ceux qui peignent la marche de l'esprit humain, on a beaucoup d'occasions de faire des applications des préceptes de la morale et de la politique, et des règles de la critique qui n'est qu'une partie de la logique, laquelle elle-même découle naturellement des observations idéologiques, ou n'est qu'un assemblage de vaines formules.

Exposition du Plan d'études par années.

Voilà donc ce que renferme ce tableau: veut-on le tourner d'un autre sens et le prendre année par année? cela ne sera pas inutile.

On voit, dans la première année, des notions élémentaires de latin et de français, et des notions élémentaires d'arithmétique, et en cas de besoin, une place pour des leçons d'écriture, sans compter le dessin. Cette année est uniquement destinée à prendre l'habitude de l'application, et à pourvoir au défaut de toute éducation première.

Dans la seconde année, suite du cours élémentaire de latin et de français; notions élémentaires de géographie physique, et d'histoire naturelle; notions élémentaires de géographie historique et politique.

Je présume, je le répète, que ce cours de langue est presque tout pratique, à peu près à la manière de Dumarsais. Ainsi ces études sont toutes de mots. Elles exercent la mémoire, la première des facultés qui se développe. Elles portent l'esprit sur bien des objets, ce qui le dispose à s'exercer. Elles donnent donc des facilités pour l'avenir, et cependant elles forment le jugement; car en apprenant la signification de tous ces mots, elles dispensent de la nécessité de s'en servir sans les entendre, ce qui est la pire des habitudes, et la plus inévitable sans ces préliminaires.

Dans la troisième année, cours de latin et de grec, cours de mathématiques, cours de grammaire générale. Ici commencent des études plus raisonnées et par conséquent plus difficiles. Mais les observations du professeur de grammaire générale sur l'intelligence humaine, jettent bien du jour sur la théorie de la langue latine et de la langue mathématique, et les rendent bien plus faciles à saisir. On commence le grec cette année ou la suivante, au gré du professeur et suivant les circonstances.

Dans la quatrième année, suite des trois mêmes études qui avancent et se fortifient toujours l'une l'autre, et après lesquelles on ne trouve plus de difficultés réelles nulle part, si elles ont été bien faites et bien entendues. C'est peut-être l'année la plus importante de toutes, ou du moins celle qui décide du succès de toutes les autres. Aussi l'âge de douze à quatorze ans est-il un moment de développement vraiment critique ; mais il faut qu'il ait été bien préparé.

Dans la cinquième année, suite du cours de latin et de grec, cours d'histoire naturelle, de chymie et de physique, cours de morale et législation. Cette année n'offre pas de grandes difficultés. Le premier de ces cours n'est qu'une continuation des années précédentes ; le second n'est qu'un jeu et un amusement, en comparaison des mathématiques pures qu'il remplace ; et le troisième bien fait n'est qu'un exercice peu pénible et satisfaisant pour des esprits qu'on a habitués à s'observer, à démêler leurs opérations intellectuelles, et à chercher les raisons de tout ce qu'ils voient, de tout ce qu'ils font, et de tout ce qu'ils pensent. C'est, pour ainsi dire, une continuation du cours de grammaire générale.

Dans la sixième année, suite des cours précédens ; nulles difficultés d'un genre nouveau. Le cours de morale devient plus particulièrement cours de morale publique. On y fait connaître et l'origine de tous les pouvoirs et les sources de toutes les richesses : ainsi il embrasse l'organisation sociale et l'économie politique ; et on y découvre les principes qui doivent les diriger. Il est aisé de le rendre très-intéressant pour des jeunes gens qui voient, pour ainsi dire, naître sous leurs yeux cet ordre social au milieu duquel ils vivent, et qui jusques-là n'était pour eux qu'un assemblage confus dont ils ignoraient les ressorts secrets et les forces motrices.

Dans la septième année, cours de belles-lettres, cours de mathématiques appliquées, cours d'histoire. Ici l'étude des langues fait place à l'étude des belles-lettres ; ou plutôt elle est réellement continuée d'une autre manière. Car les langues qu'on a apprises servent de moyens pour connaître les beautés des chefs-d'œuvre de l'éloquence et de la poësie, et découvrir les règles de l'art. Le cours de mathématiques appliquées sert à revoir tout ce que l'on a appris des mathématiques pures, et à pousser plus loin l'étude de l'analyse algébrique. Le cours d'histoire, en recueillant des faits, est une application perpétuelle des observations idéologiques, morales, politiques, économiques, que l'on a faites précédemment.

Enfin, dans la huitième année, second

cours de belles-lettres, suite du cours de mathématiques appliquées, suite du cours d'histoire ; c'est-à-dire, 1°. que l'on reprend sous un nouvel aspect tout ce que l'on a appris jusques-là des langues, des lettres et de l'idéologie, et que l'on se rend raison des principes fondamentaux de l'art de penser, d'écrire et de raisonner. 2°. Que l'on apprend à faire usage des théories mathématiques en les appliquant aux principales parties de la physique. 3°. Qu'en continuant à apprendre les faits, on s'habitue à juger sainement les hommes et les choses, d'après les vrais principes des sciences morales. Ainsi on est dès ce moment prêt à vivre en homme sensé, en bon père de famille, et en citoyen suffisamment éclairé, en un mot, en être raisonnable, si l'on ne se destine à aucun emploi particulier ; et on est bien préparé à suivre plus loin un des trois genres d'études, si l'on a le projet de remplir quelques fonctions.

Réflexions sur ce Plan.

Voilà donc le contenu de ce plan d'études. Il me paraît qu'en le suivant, les trois conditions exigées précédemment sont remplies, et que par ce moyen un enfant est réellement préparé à devenir un homme, ce qui n'arrivait point dans les anciens colléges. Au reste, il n'est absolument que l'exposé fidèle du vœu de l'institntion nouvelle.

Je me réfère aux notes dont il est accompagné, pour prouver qu'il est d'une facile exécution ; que le tems nécessaire a été réservé aux professeurs et aux élèves ; et que ceux-ci même peuvent, en cas de besoin, redoubler certains cours : je n'entrerai point ici dans ces détails.

Je ne discuterai pas non plus des objections qui me paraîtraient trop dénuées de fondement. Je ne supposerai pas, par exemple, que l'on mette en doute si les sciences morales sont des sciences comme les autres, et s'il faut laisser au hasard et à l'ignorance le soin de former les opinions des jeunes gens sur ces matières, plutôt que sur l'histoire naturelle ou la poësie.

Je ne supposerai pas non plus que l'on pense qu'un homme, dont la vie se passe à raisonner, n'a pas besoin de connaître les opérations intellectuelles qu'il exécute à chaque instant bien ou mal sans s'en apercevoir ; ni que l'on croye qu'il soit plus facile d'étudier les langues, expressions de nos idées, sans connaître la génération de ces idées, qu'après avoir vu comment elles donnent naissance aux signes qui les expriment et à leurs nombreuses modifications.

Objections.

Parmi les objections qui méritent plus d'attention, les principales de celles que j'ai recueillies sont celles-ci : Premièrement, on observe que le cours d'histoire naturelle et de chymie et physique, interposé entre celui de mathématiques pures, et celui de mathématiques appliquées, fait une interruption entr'eux. Je ne nie pas cela. Mais je crois l'enseignement des mathématiques pures absolument nécessaire dans la place où il est par les raisons que j'ai dites ci-dessus ; et il est bien évident que les mathématiques appliquées ne peuvent venir qu'après les connaissances physiques, et doivent terminer cette série d'études ; aucun des trois cours ne peut donc être déplacé. Mais on pourrait, si on l'aimait mieux, faire marcher concurremment les cours de mathématiques pures et de physique pendant la durée des quatre années, 3e, 4e, 5e et 6e. Ce serait toujours le même nombre de leçons pour le professeur, et pour l'élève; seulement ce ne serait que deux leçons de chaque espèce par décade, au lieu de quatre. Au reste, je crois l'inconvénient que l'on redoute plus apparent que réel, parce que le commencement du cours de mathématiques appliquées est une excellente récapitulation du cours de mathématiques pures : et on pourrait encore dans la pratique prévenir le danger de l'oubli par l'attention du professeur de physique à rappeler quelquefois les principes mathématiques, et par les soins des instituteurs faisant les fonctions de répétiteurs, que nous avons toujours regardés comme nécessaires à tout succès.

La seconde objection porte sur le cours d'histoire. Il y a des personnes qui pensent qu'il ne devrait pas y avoir de cours d'histoire dans les écoles centrales, ou que s'il y en a un il devrait être placé avant le cours de morale et législation. Je ne saurais être de leur avis, ni sur l'un, ni sur l'autre point. Le premier me paraîtrait à peine soutenable si nous avions une histoire universelle vraiment parfaite, qui ne renfermât aucun fait inutile ; qui n'en négligeât point de nécessaire ; qui ne consacrât aucune erreur ni morale, ni politique, ni physique, ni mathématique, en un mot, d'aucun genre ; qui fût un tableau complet de la marche de l'esprit humain dans toutes les branches de ses connaissances ; qui montrât les vraies causes de ses succès, de ses écarts, et les degrés de ses progrès réels. Alors je conçois que l'on pourrait se borner à recommander un tel livre, et s'en rapporter au bon esprit des jeunes gens et à leur application, sur l'usage qu'ils en devraient faire ; encore me semble-t-il qu'ils auraient besoin d'être guidés et aidés dans l'étude de cette encyclopédie. Mais quand je pense combien tous nos livres d'histoire sont loin de ce modèle ; qu'il n'en existe même pas, au moins à ma connaissance, qui soient faits absolument sur ce plan ; qu'il n'y en a aucun où l'on ne trouve consacrées mille opinions très-douteuses, et même des erreurs graves dans bien des genres ; et que les meilleurs étant principalement destinés aux hommes éclairés par l'expérience et la réflexion, sont au-dessus de la portée des jeunes gens pour le fonds des choses, et pour la manière dont elles sont présentées : quand je fais, dis-je, toutes ces réflexions, je ne puis comprendre que l'on veuille abandonner des novices au milieu de cette mer inconnue et semée d'écueils, sans boussole et sans pilote. S'il existait une sciénce qui ne possédât pas de bons livres élémentaires, qui fût hérissée de beaucoup de difficultés, et dans laquelle les erreurs eussent des conséquences très-multipliées et très-funestes, croit-on que ce fût celle-là qui n'eût pas besoin d'être enseignée? eh bien! à mon avis, l'histoire est cette science; et ce qu'il y a de pis, c'est qu'on n'a pas la ressource de l'ignorer complettement. Tout le monde sait de l'histoire, bien ou mal; elle a cela de commun avec toutes les sciences morales sur lesquelles chacun a une opinion faite, un petit systême tout établi, même sans s'en apercevoir, comme M. Jourdain fait de la prose sans s'en douter; en sorte, qu'entre l'erreur et la vérité il n'y a pas ce milieu sans inconvénient, qui serait l'ignorance absolue. Or, je crois que la manière dont les hommes prennent l'habitude d'envisager les événemens humains décide de la majeure partie de leurs opinions, et est la source de leurs sentimens, de leurs passions et le principe secret de leur conduite. Doit-on en laisser la décision au hazard? Ce n'était pas l'opinion du bon et sage Rollin, qui regrettait si vivement qu'on n'enseignât pas l'histoire dans les colléges, et qui lui a consacré une portion si considérable de son Traité des Etudes. (5)

Les mêmes raisons qui font qu'on a besoin d'être guidé dans l'étude de l'histoire, font aussi qu'avant de s'y livrer il faut connaître les sains principes de la morale et de l'art social. Les principes sont le modèle dont il faut toujours rapprocher les événemens; c'est le seul moyen de n'être pas entraîné par ceux-ci, soit qu'on les étudie, soit qu'on y prenne part. Le cours de morale et législation doit donc précéder celui d'histoire; au reste, toute la partie de ce cours qui regarde la morale publique, la science sociale, ne peut pas être bien traitée sans donner lieu à beaucoup d'applications, de même que dans le cours d'histoire, à propos des faits, il faut continuellement revenir à la théorie; ainsi, à proprement parler, le premier doit être un cours de philosophie historique, et l'autre un cours d'histoire philosophique, ou plutôt ils doivent ne faire qu'un. Ils doivent ensemble former un vaste tableau des actions et des

(5) Je pourrais bien encore citer à l'apui de mon opinion, l'exemple de plusieurs nations étrangères; mais je néglige de faire usage de cette autorité, quand je parle à des Français.

opinions des hommes soumises à un examen judicieux, et par conséquent devenir une espèce de récapitulation raisonnée de toutes les autres études, et décider plus qu'aucune d'elles de la direction ultérieure du jugement et du caractère des élèves. C'est ainsi sans doute, que Condillac considérait cet enseignement, lorsqu'il dit, après avoir parlé de quelques études préliminaires : *Nous passâmes à celle de l'histoire, et nous en fîmes notre principal objet pendant six ans.* (6) Tels sont mes motifs pour donner à ces deux cours la place et l'étendue que je leur assigne ; motifs, au reste, que je trouve dans l'esprit de l'institution comme ceux de tout ce que je propose.

Une troisième objection consiste à dire que la morale raisonnée, et surtout l'idéologie, qui pourtant en est l'unique base, sont des connaissances au-dessus de l'âge où je veux qu'on les étudie ; et que la seule chose utile que l'on puisse faire pour la morale des enfans est de former leurs habitudes. Sans doute de bonnes habitudes constituent toute la morale usuelle des jeunes gens, et même des hommes

(6) *Voyez* Motifs des Etudes, page 146 du tome I, du Cours d'Etudes, édition de l'an VI.

faits ; car il n'y a de vraiment pratique que ce qui est devenu habituel. Cela s'explique même très-bien idéologiquement, c'est-à-dire, qu'on en trouve facilement la cause quand on examine avec soin nos facultés intellectuelles ; mais dans le nombre des bonnes habitudes comprenez aussi celles de bien juger et de bien raisonner. Il faut donc les faire contracter de bonne heure ; il faut donc de bonne heure examiner nos pensées : et ce travail ne peut être impossible à des esprits que vous occupez de l'étude des principes des langues ; car cette étude le nécessite ou le suppose fait. A cela il me paraît qu'il n'y a pas de réponse. Au reste, il n'est pas douteux que tout dépend de la manière dont ces sujets sont traités ; et que si on voulait faire entrer dans le cours de grammaire générale placé à la 3e et 4e année, ce qui ne doit être que dans le cours de belles-lettres, idéologie, de la 8e, ce serait très-inutile et très à contre-tems. Cette réflexion m'amène naturellement à l'examen des moyens de faire que les cours soient ce qu'ils doivent être.

Instruction aux Professeurs, et correspondance avec eux.

Le meilleur, à mon avis, serait de rédiger pour chaque professeur une instruction détaillée, dans laquelle, sans lui dicter positivement sa leçon, on lui dirait ce que doit contenir son cours, le tems qu'on peut lui destiner dans l'ensemble de l'enseignement, l'esprit dans lequel il doit être fait, les rapports qui doivent le lier aux autres, et à peu près la méthode dont on desire qu'il se serve. Il faudrait charger de dresser ces instructions une société d'hommes instruits, chacun dans une partie, et qui n'eussent pas pour elle une prédilection mal entendue qui les portât à lui sacrifier toutes les autres, mais un zèle réfléchi qui leur fît rechercher tous les moyens de la coordonner avec les autres branches de l'instruction. Cette société inviterait en même tems les professeurs à rédiger par écrit leurs leçons, à composer des cahiers, non pour les faire apprendre par cœur aux élèves ou les leur dicter, mais pour les lui envoyer à la fin de l'année. Elle les examinerait et pourrait proposer au Gouvernement de faire imprimer et publier ceux qui lui paraîtraient les meilleurs, et de récompenser leurs auteurs. Telles étaient à peu près les fonctions du conseil d'instruction publique, que le ministre François (de Neufchâteau) avait créé auprès de lui, malheureusement trop peu de tems avant sa retraite.

Il n'est pas encore formellement détruit; mais depuis long-tems on n'en fait aucun usage. Il ne m'appartient pas d'en parler puisque j'en étais membre; cependant je puis et je dois dire que pendant quelques mois de l'an sept qu'il a eu une véritable activité, la correspondance fait foi qu'il avait ranimé le zèle et l'espérance dans les écoles, et produit plusieurs bons effets dont on était prêt à recueillir le fruit. Quoi qu'il en soit, je pense qu'en suivant la marche que j'indique on donnerait bientôt à l'enseignement l'uniformité, l'ensemble et la direction qu'on lui desire : en peu d'années on se procurerait de bons livres élémentaires dans tous les genres où nous en manquons; on perfectionnerait les méthodes; et en attendant on ferait connaître à tous le but vers lequel on tend, et l'esprit de ces institutions, ce qui contribuerait puissamment à leur succès. Car on ne peut se dissimuler que le plus grand obstacle à la mise en activité de la nouvelle instruction publique, vient de ce qu'elle est trop en avant des idées généralement répandues, et trop supérieure à tout ce qu'on était accoutumé de voir dans ce genre; en sorte, que peu de personnes en ont saisi l'ensemble et que les parens, les élèves, et même quelques professeurs ne savent réellement pas ce que l'on se propose.

Je ne m'étendrai pas davantage sur les détails du plan d'études des écoles centrales. Peut-être même trouvera-t-on que je me suis déjà trop arrêté sur ce sujet; cependant ce n'était qu'en faisant voir tout ce qui doit et peut être enseigné dans ces écoles, que je pouvais prouver que toutes les parties qu'elles renferment y sont nécessaires, qu'aucune essentielle ne leur manque; et montrer la place qu'elles tiennent dans l'ensemble du systême, et le tems qui doit leur être destiné dans le cours de l'éducation totale. Au reste, que le plan que j'ai essayé de tracer soit modifié, amélioré, changé même s'il y a lieu, j'y consens de grand cœur, pourvu qu'on ne perde pas de vue les bases sur lesquelles il repose, et que l'on ne dénature pas l'institution que je crois excellente, et que je regarde comme la partie vraiment essentielle de l'instruction publique, et celle à laquelle il faut rattacher toutes les autres.

Il faut des Répétiteurs.

Nous sommes déjà convenus que la nature de ces études exigeait, pour qu'elles fussent utiles, que les jeunes gens eussent des maîtres qui les fissent travailler en conséquence des leçons qu'ils recevaient, et qui surveillassent leur conduite; il faut donc des pensionnats près des écoles centrales. Mais la société qui fait déjà beaucoup en faveur des individus en leur offrant gratuitement des professeurs éclairés et de grands moyens d'instruction, ne peut pas se charger de tenir des pensionnats à ses frais et de les gouverner par ses agens. Quelques mesures que l'on prît, ils seraient toujours très-dispendieux pour l'Etat, et régis négligemment. Il doit donc laisser le soin de ces maisons à l'activité de l'industrie particulière; mais il peut en accélérer l'établissement par quelques faveurs. Il en a un excellent moyen en les liant à une autre mesure de bienfaisance dont il est tems de parler.

Pensions payées par l'Etat.

Les auteurs de notre système d'instruction publique, ont jugé convenable que l'Etat payât la pension de vingt élèves près de chaque école centrale. Je goûte beaucoup cette disposition, non pas précisément comme moyen de favoriser dans la classe indigente, des talens que le défaut de soins empêcherait de se développer; car à l'âge où il faut entrer aux écoles centrales les indices des talens sont encore trop incertains, pour que le plus souvent les espérances qu'ils donnent ne soient pas déçues : mais donner à un enfant une pension près ces écoles, est une belle manière de récompenser un père qui a bien mérité de la patrie ; et elle a cet avantage que si pendant cette première éducation quelque preuve de talens réels vient à se manifester, elle est certainement remarquée, et on peut ensuite envoyer le jeune homme à l'école spéciale des sciences auxquelles l'appelle son génie. Ainsi on remplit le double but de récompenser le mérite et de le faire renaître. Au lieu donc de réunir dans un petit nombre de maisons séparées du systême général de l'instruction, les jeunes gens auxquels l'Etat veut accorder le bienfait de l'éducation gratuite, je proposerais de les disperser dans les départemens ; et lorsque l'on saurait un homme de mérite disposé à former un pensionnat près d'une école centrale, on lui donnerait les vingt élèves de la République. Cet avantage rendrait infaillible le succès de sa maison, et par le produit certain qu'il lui assurerait, et plus encore par la réputation qu'il lui donnerait. Ainsi cet arrangement favoriserait l'établissement des pensionnats, donnerait de l'activité aux écoles centrales, et répandrait plus également les bienfaits de l'Etat sur toute la surface du sol ; trois bons effets que ne produit pas, ce me semble, la manière que l'on suit actuellement.

Je ne m'étendrai pas davantage sur les écoles centrales : il me suffit d'avoir marqué leur place, montré leur destination et indiqué les principaux moyens de la leur faire remplir ; elles sont la base de l'éducation de la classe savante ; les écoles spéciales en sont le complément. Il me reste à parler de celles-ci ; je ne ferai encore presque que commenter et suppléer la loi du 3 Brumaire, an 4, parce qu'elle a embrassé toutes les parties, et que nous n'avons, suivant moi, rien à faire qu'à completter ses dispositions, et à établir en-tr'elles les liaisons nécessaires pour qu'elles forment un ensemble auquel rien ne manque.

Ecoles spéciales.

Cette loi établit ou plutôt indique des écoles spéciales de bien des genres : elle ne fait que les nommer, et se réfère aux lois particulières, qui règleront l'organisation de chacune d'elles. Il me paraît cependant qu'il est quelques principes généraux qu'il eût été bon de poser pour assurer l'effet de l'ensemble ; essayons de les reconnaître et de les établir, et ils nous montreront ce qui reste à faire pour n'avoir plus rien à desirer.

Elles sont spéciales ou particulières ou l'une et l'autre en même tems.

Tout établissement littéraire ou scientifique, près duquel on fait des cours quelconques, est une école spéciale des sciences qui y sont enseignées. Ce nom embrasse et doit embrasser tout ce qui n'est pas école centrale (ou générale, comme je propose de les appeler.) Cependant il y a une distinction à faire entre ces écoles spéciales. Je les partagerais volontiers en écoles spéciales proprement dites, et en écoles particulières ou pratiques. Cette division est très-marquée dans certaines parties; elle disparaît dans d'autres. Par exemple, l'école polytechnique est véritablement et purement l'école spéciale des sciences physiques et mathématiques. Elle répond à toutes les parties du génie civil et militaire et de l'artillerie. Après y avoir passé deux ou trois ans à approfondir la théorie commune à tous ces services, on va ou à l'école du génie, ou à celle de l'artillerie, ou à celle des ponts et chaussées, ou à celle des mines, ou à celle des ingénieurs-constructeurs de vaisseaux: et dans chacune de ces écoles, on apprend la pratique de l'art auquel elles sont consacrées; elles sont donc proprement écoles particulières. Aussi quand on y est admis, on fait déjà partie du corps auquel elles appartiennent. C'en est le début, le premier grade ; on a un état déterminé et certain, à moins que l'on ne démérite.

L'école polytechnique pourrait de même servir d'introduction aux écoles de marine : car les sciences qu'on y enseigne sont les bases de cet art, comme de ceux du génie et de l'artillerie. Cependant cela n'est pas. Apparemment l'on a pensé que la plupart des hommes qui se destinent à la marine, habitant les bords de la mer, il était inutile de les éloigner de leur séjour pour leur enseigner la théorie de leur métier. Peut-être aussi a-t-on cru que ce métier, aussi pénible qu'il est savant, exigeait d'en prendre l'habitude de si bonne heure, qu'il était nécessaire que les séminaires où l'on s'y forme, fussent tous près des objets, et pour ainsi dire sur place ; qu'il fallait, non pas seulement y être instruit, mais y être élevé, et entre-mêler dès l'enfance la théorie et la pratique ; en un mot, qu'il avait besoin d'un régime particulier. Je ne discuterai point ces motifs, et n'entreprendrai point de décider si la théorie perd plus à cet arrangement que la pratique n'y gagne.

C'est hors de mon sujet (7). Ce que je veux observer, c'est que, de cette manière, les écoles de la marine sont à la fois pour ce service ce que l'école polytechnique et l'école de Metz réunies, par exemple, sont pour le génie militaire; qu'elles sont en même tems école spéciale et école particulière.

Par des causes différentes, il en est à peu près de même des écoles de médecine. La nature de leur enseignement est tel, qu'on peut les regarder, ce me semble, comme des écoles spéciales de toutes les parties des sciences physiques, que l'on ne traite pas par le moyen des mathématiques. Tout homme qui, pour un but quelconque, voudrait approfondir ces sciences plus qu'on ne doit le faire dans les écoles centrales, devrait suivre une de nos écoles de médecine, quand même il ne voudrait pas devenir médecin; et de plus on y enseigne ce qui est particulier à la pratique de cet art. Elles sont donc réellement

---

(7) Depuis que ceci est écrit j'ai appris que le Gouvernement s'était décidé en faveur de l'opinion pour laquelle j'incline, et qu'il avait arrêté que l'on tirerait aussi de l'école polytechnique des sujets pour la marine. Je crois qu'il résultera beaucoup de bons effets de cette détermination.

écoles spéciales et particulières, suivant le sens que j'ai donné à ces deux mots.

Le superbe établissement du Jardin des Plantes de Paris, considéré en masse et comme maison d'enseignement, est de même proprement une école spéciale des sciences physiques et naturelles. Il est, sous ce point de vue, la même chose que les écoles de médecine, et plus complet encore. Si après en avoir suivi tout l'enseignement, on se livre exclusivement à une partie, et que l'on profite des précieuses ressources qu'il offre pour devenir privativement botaniste, agriculteur, zoologiste, il fait l'office d'école particulière de chacun de ces genres, qui sont réellement l'état de ceux qui se dévouent à les enseigner ou à les perfectionner.

Utilité de cette distinction.

Je crois donc ma division fondée. On trouvera peut-être au premier coup-d'œil qu'elle est minutieuse et de nul usage. En effet, je ne prétends pas qu'il faille tracer une ligne de démarcation bien tranchée entre le moment où un établissement public fait l'office d'école spéciale et celui où il remplit l'objet d'une école particulière; ni que pour suivre un cours, il soit nécessaire de déterminer à quelle page de ses cahiers il cesse d'appartenir au premier de ces deux enseignemens, pour faire partie du second. Je sais que dans la nature et dans nos têtes, tout s'enchaîne et s'enlace, et que rien ne se divise avec cette précision. Mais on aurait tort, ce me semble, d'en conclure que mon observation est inutile.

Elle nous fait voir premièrement que dans les parties où cette division est très-prononcée, comme à l'école polytechnique, par exemple, c'est avec beaucoup de raison que l'on a limité à un espace de deux à quatre ans au plus, le tems consacré à l'école spéciale proprement dite, au sortir de l'école centrale ou générale, sans quoi on aurait beaucoup trop reculé le moment de se vouer à un état déterminé; tandis que dans les écoles de marine ou de médecine, on peut prendre un peu plus de latitude s'il en est besoin, parce qu'elles remplissent deux objets à la fois.

Secondement, elle nous montre que dans la partie des sciences mathématiques, physiques et naturelles, nous sommes riches jusqu'au luxe, et nous n'avons rien à desirer que la conservation immuable de ces excellens établissemens, qui font la gloire de la nation, et produisent tous les jours des hommes qui l'accroîtront encore, et multiplieront à l'avenir ces belles institutions.

Troisièmement, elle nous fait pressentir le genre d'utilité de ce que nous possédons, relativement à l'enseignement approfondi des sciences morales et politiques, et des langues et des lettres : et elle nous fait déjà entrevoir ce qu'il est nécessaire d'y ajouter pour que ces deux belles parties des connaissances humaines soient cultivées parmi nous avec autant de succès que la première. C'est ce dont je vais m'occuper actuellement. Il faut toujours commencer par ce qui est bien, et voir comment on a réussi, pour trouver comment on peut réussir encore.

Il faut une école spéciale pour les sciences morales et politiques ; et une école spéciale pour les belles-lettres et les langues.

Il me semble que rien n'est plus simple et plus indiqué. A Paris, au milieu de toutes les ressources et au centre de toutes les lumières, nous avons deux établissemens universellement respectés, dans lesquels on donne déjà des leçons très-utiles, quoique de différens genres et sans but bien déterminé. C'est le collége de France et la Bibliothèque nationale. Au moyen de l'addition de quelques chaires à chacun d'eux, et de quelques mesures de détail très-aisées à prendre, ils peuvent en un moment devenir deux excellentes écoles spéciales ; l'une pour les sciences morales et politiques ; l'autre pour les belles-lettres et les langues. Là viendraient achever de se former tous les jeunes gens qui se destinent à des états où ces connaissances sont nécessaires, et tous ceux qui, seulement par goût, veulent les approfondir plus qu'on ne fait dans les écoles centrales ; et là aussi trouveraient des secours précieux à tous les âges, ceux qui voudraient se livrer à l'étude vraiment savante de quelques-unes de leurs parties. Alors il n'y aurait plus de lacune dans l'instruction, et toutes les branches de l'enseignement des écoles centrales seraient également et méthodiquement continuées et suivies jusqu'à leur point de perfection.

Je n'entrerai point ici dans le détail des chaires nouvelles, qu'il serait nécessaire de créer dans chacun de ces établissemens. Mais je me hâte d'avertir que je ne propose pas du tout de supprimer celles qui y existent, et qui sont relatives aux sciences physiques et mathématiques. Un bon enseignement, quel qu'il soit, est un trésor public. Gardons-nous d'en sacrifier aucun, quand même il ne serait pas précisément à sa place ; traitons-le comme un arbuste précieux. Tout au plus on le transplante. D'ailleurs c'est dans ce genre surtout que, même un peu de surabondance, convient à une grande nation. Toute ma vie je proposerai d'accroître ce qui est bon, et jamais de le détruire; l'ancienneté d'un établissement est une partie de son mérite, puisqu'elle ajoute à son effet. Quelque riches que nous soyons dans l'enseignement des sciences naturelles, physiques et mathématiques, laissons donc encore au collége de France les moyens qu'il a de les servir ; mais consacrons-le particulièrement à perfectionner et à répandre des connaissances moins avancées, trop négligées, et pourtant très-importantes. Dans l'origine, elles ne faisaient pas du tout partie de son institution; elles y ont pénétré ensuite petit à petit, et graduellement à proportion de l'accroissement des lumières générales. Ajoutons à l'expérience des tems ; servons-nous en faveur de ce genre de connaissances, de l'antique célébrité de cette maison ; faisons que l'on y trouve l'enseignement complet des sciences idéologiques, morales et politiques ; et à la Bibliothèque nationale, celui des langues et des belles-lettres. Ce ne sera pas mieux faire que les anciens fondateurs de ces beaux établissemens ; ce sera leur succéder, les imiter proportionnellement au tems, comme les siècles se suivent et se continuent en ajoutant les uns aux autres. C'est être au-dessous de son âge, que de ne s'élever qu'au niveau de l'âge précédent. Soyons dignes du nôtre ; voilà mes vœux.

Maintenant je reviens à la division que j'ai faite des écoles spéciales en écoles spéciales proprement dites ou générales, et écoles spéciales particulières. On voit que je desire que la Bibliothèque nationale et le collége de France soient à la fois l'un et l'autre, chacun dans leur genre. Ainsi il doit y avoir à la Bibliothèque, non-seulement des cours de grammaire générale, d'art oratoire, d'art poëtique pour l'instruction des littérateurs en général, mais encore des cours particuliers de la grammaire et de la littérature des différens peuples anciens et modernes, pour former des interprêtes, ou des savans dans un genre particulier d'érudition. De même au collége de France, je ne desirerais pas seulement des chaires où l'on démontrât les principes de l'économie politique ou de l'organisation sociale en général. Je voudrais qu'il y en eût où l'on enseignât en particulier la statistique des différens Etats, la théorie de l'impôt, celle du système monétaire, celle du change, celle de diverses branches du commerce, etc., pour l'utilité particulière de certains diplomates, de certains administrateurs, de certains négocians. Il devrait donc s'y trouver aussi en faveur de ceux qui se destinent aux fonctions judiciaires des cours des différentes parties du droit positif : et sous ce rapport, cet établissement deviendrait encore une école particulière de droit. Ce serait déjà un grand bien ; car jusqu'à présent, nous n'avons rien qui mérite ce nom. Mais cet objet exige que nous nous y arrêtions un moment.

Il faut plusieurs écoles de Droit.

Malheureusement la punition des délits, et la décision des difficultés qui s'élèvent entre les particuliers, occupe et occupera longtems un grand nombre de juges, d'avoués et de défenseurs officieux. D'ailleurs beaucoup d'autres fonctions civiles et politiques demandent une connaissance détaillée de nos lois et des formalités de la justice. Il y a donc une grande quantité de citoyens qui ont besoin de faire une étude approfondie de notre droit positif. Nous avons vu que ce n'était pas là la destination des chaires de morale et législation des écoles centrales. C'est donc l'objet d'écoles spéciales ; et celle que je propose à Paris, fournirait assurément toutes les ressources nécessaires pour former des sujets très-capables dans ce genre. Mais en formerait-elle assez ? Et d'ailleurs serait-il juste, serait-il utile, serait-il politique, serait-il possible même de faire arriver à l'école de Paris, de toutes les parties de la République, tous ceux qui voudraient étudier le droit ? Je ne le pense pas. Je crois que de même qu'en considération du grand nombre d'officiers de santé nécessaire à la société, on a senti qu'il fallait en France au moins trois écoles de médecine, de même on jugera qu'il faut établir différentes écoles de droit dans les villes où cette science peut être cultivée avec succès. Mais ici il se présente une considération importante. Le droit positif est une conséquence, une application des principes de la morale et de la science sociale. Nulle étude, si ce n'est celle de l'histoire, n'est plus propre à gâter l'esprit et à vicier profondément le jugement sur les points les plus essentiels, si l'on s'y habitue à confondre ce qui est avec ce qui doit être : et cela ne peut manquer d'arriver, si l'on s'occupe du positif avant d'avoir une connaissance suffisante des principes. C'est ce qui fait que les meilleurs légistes n'ont pas toujours été les meilleurs législateurs, ni même les meilleurs juges de la sagesse d'une mesure législative. Il faut donc absolument astreindre les jeunes gens à passer par une école spéciale des sciences morales et politiques, avant de se présenter à une école particulière de droit, comme on passe à l'école polytechnique avant d'arriver à une école du génie; ou, comme dans les écoles de médecine, on fait faire des cours de théorie avant de suivre ceux de médecine clinique. Ainsi il faut encore, ou que tous ceux qui se destinent à l'étude du droit viennent d'abord à Paris comme les ingénieurs; ou que, comme les médecins, ils trouvent tous les secours nécessaires dans chaque école de droit.

Il faut que chaque école particulière de droit soit aussi école spéciale des sciences morales et politiques.

Par les motifs exposés ci-dessus, je crois ce dernier parti préférable; et je regarde comme indispensable, que chaque école de droit, comme chaque école de médecine, renferme la théorie et l'application, et soit par conséquent en même tems école spéciale des sciences morales et politiques, et école particulière de droit. Au reste, il suffira de l'addition d'un très-petit nombre de chaires pour lui faire remplir ce double objet ; car les sciences morales s'enseignent très-bien sans beaucoup d'appareil, et nécessitent très-peu de dépense, qu'elles rendent ensuite avec usure à l'Etat et aux particuliers.

Il resterait à déterminer la nature et l'étendue des cours de ces écoles ; mais cela sort des bornes de cet écrit (8). Il me suffit que ces cours n'excèdent pas le tems réservé aux écoles spéciales dans l'ensemble du plan. Je ne fixerai pas non plus le nombre de ces écoles. Cela dépend des circonstances, et des moyens de tout genre. Mais je demande avec instance que dès ce moment on établisse celle de Paris. Rien ne peut s'y opposer, et tout l'exige ; et en commençant par la ville qui fournit le plus de ressources et de lumières, on se donne un excellent modèle à imiter, et beaucoup de facilités pour faire bientôt presqu'aussi bien ailleurs.

Pensionnats près les écoles spéciales.

Il me reste à parler des pensionnats près les écoles spéciales, tant celles qui existent que celles dont je demande la création. C'est

(8) J'ai indiqué à l'article des écoles centrales, le moyen de diriger les professeurs. Je crois qu'il peut servir de même à mettre en pleine activité les écoles spéciales.

ici le moment de se rappeler ce que nous avons dit de pareils établissemens près des écoles centrales. Ceux-ci ne sont peut-être pas d'une nécessité aussi urgente, parce que les élèves étant plus avancés et plus formés, n'ont pas un aussi grand besoin d'être contenus et dirigés. Cependant il est toujours fort avantageux, surtout pour ceux qui n'ont point de domicile dans les grandes villes où les écoles spéciales sont nécessairement placées, qu'il y ait des maisons où ils trouvent une existence commode, des conseils utiles pour la suite de leurs études, et la société de jeunes gens de leur âge occupés des mêmes objets. Ce dernier point est même très-important par l'émulation et les liaisons d'amitié qu'il fait naître, par les secours mutuels que se donnent ces jeunes gens, et par les conversations scientifiques qui s'établissent continuellement entre eux, et qui développent leur esprit bien mieux que ne pourraient le faire des leçons ou des examens. Ces maisons d'instruction ont réellement pour les étudians tous les avantages que les sociétés littéraires les mieux organisées ont pour les savans. Il en existe de telles auprès de l'école polytechnique, qui contribuent puissamment aux succès qui font la gloire de ce bel établissement (9). Il est donc très-desirable qu'il y en ait de pareilles auprès des autres écoles spéciales. Néanmoins, par les raisons que j'ai déjà dites, je ne conseillerais jamais à l'Etat d'en établir à ses frais, soit gratuitement, soit moyennant une rétribution. Nécessairement elles seraient en général plus dispendieuses et moins bonnes que celles tenues par des particuliers, qui ont à la fois leur intérêt et leur réputation personnelle à soigner. Mais il en existe une très-recommandable par le mérite de ceux qui y président. Elle est formée des débris de plusieurs vieilles fondations; elle a rendu de grands services dans la funeste lacune qui a eu lieu entre la chûte des anciennes institutions et la naissance des nouvelles. Elle est respectable par son antiquité. C'est le Prytanée français. Gardons-nous de le détruire. Achevons seulement de le rattacher à l'ensemble du nouveau sys-

(9) Je ne saurais citer avec trop d'éloges celle tenue par le citoyen Garnier, professeur de cette école, homme distingué par ses connaissances, et plus encore par cet amour du bien qui anime tout et qui a une influence si douce et si puissante sur les jeunes ames, dans lesquelles il pénètre avec facilité. Là on apprend, non pas seulement à aimer la science que l'on étudie, mais à chérir tous les succès de l'esprit humain, et à desirer d'y contribuer.

tême. Dans le moment actuel, il est rempli de pensionnaires de l'Etat de différens âges, dont les uns suivent les écoles centrales, et les autres les écoles spéciales. Mus par des motifs puissans, nous avons proposé de répartir les premiers dans les divers départemens : à mesure qu'ils feront un vide dans le Prytanée, remplaçons-les par des élèves destinés à suivre les diverses écoles spéciales de Paris. Choisissons les nouveaux élèves parmi ceux qui auront eu des succès dans les écoles centrales ; que ces places deviennent l'objet de l'ambition et la récompense de tous les pensionnaires de l'Etat dans ces écoles. Par là tous les talens qui se manifesteront seront conduits jusqu'à leur point de maturité. Toutes les éducations commencées par la munificence nationale, seront achevées par elle, pour peu qu'elles donnent de justes espérances. Le Prytanée sera réellement le Prytanée français, au lieu d'être un collége Parisien. Il deviendra le grand pensionnat de la République, où se formera une foule d'élèves et de maîtres qui, dans la suite, rendront les plus grands services. Il fera plus, il servira de modèle à tous les pensionnats particuliers que son exemple améliorera ; et par là il sera bien plus utile qu'en étant simplement une bonne maison d'éducation, isolée et sans relation avec les autres.

Il pourra, si l'on veut, recevoir encore des élèves, moyennant pension. Mais je crois que cette mesure a de nombreux inconvéniens, sans avantages réels; et en général, j'aime mieux voir le gouvernement payer, pour ses élèves, des pensions aux dépens du public dans des maisons particulières, que de le voir recevoir des pensionnaires particuliers dans des maisons publiques.

Voilà ce que je propose pour les écoles spéciales de Paris. Pour celles que l'on pourrait créer dans d'autres villes, comme il n'y a pas près d'elles de Prytanée tout établi, on peut facilement employer le même moyen que pour les écoles centrales, et confier à quelque instituteur particulier les élèves que l'Etat voudrait entretenir auprès d'elles.

J'observerai, en finissant, que la durée des études des écoles spéciales, étant tout au plus la moitié de celle des études à faire dans les écoles centrales, il passe au moins deux élèves dans celles-là, pendant le tems qu'il n'en passe qu'un dans celles-ci; en sorte que si, aux termes de la loi, l'Etat payait deux mille pensions près les écoles centrales (à raison d'environ vingt par département), il suffirait qu'il en payât le huitième de ce nombre près les écoles spéciales, c'est-à-dire deux cent cinquante pour que ces premiers pensionnaires eussent la certitude que le quart d'entre eux recevrait encore le bienfait de la seconde instruction gratuite. C'est, je crois, suffisant pour entretenir parmi eux une grande émulation, et pour qu'aucun talent précieux ne demeure perdu faute de secours.

Tels sont les vœux que je fais pour l'instruction de ce que j'ai appelé la classe savante de la société. On voit qu'il n'y a rien de bien neuf dans tout ce que je propose; et que, comme je l'avais annoncé, il ne s'agit que d'achever et de completter ce qui existe, et de lui donner une véritable activité. Cependant je suis convaincu qu'il n'en faudrait pas davantage, pour que nous eussions très-promptement en France une instruction publique, supérieure à tout ce qui a jamais été fait en ce genre, et certainement meilleure que tout ce que l'on tentera de faire avec beaucoup de peine et de dépense, en renonçant aux bases sur lesquelles celle-ci est fondée.

Je ne m'étendrai pas sur les moyens d'exécution ; je ne proposerai de changer ni le mode de nomination des professeurs, ni celui de l'administration des écoles. Je ne demande que stabilité, permanence, et constance dans les vues adoptées jusqu'à ce jour : et je suis persuadé qu'un comité, tel que celui dont j'ai parlé à l'occasion des cours des écoles centrales, dirigé par le ministre éclairé, qui est actuellement chargé des affaires de l'intérieur, correspondant sous ses yeux, suivant le besoin, soit avec les professeurs, soit avec les jurys d'instruction publique des divers départemens, trouvera bientôt la meilleure manière de réaliser ces idées, d'en faire sentir l'utilité à tous les citoyens ; et de donner une véritable vie à des établissemens qui se soutiennent, quoique méconnus et contrariés, et qui pour prospérer n'ont besoin que d'être achevés et appréciés.

Instruction de la classe ouvrière.

Il n'en est pas de même de ce que j'ai appelé l'instruction de la classe ouvrière, dont il me reste à parler. Celle-ci exige bien d'autres considérations, et son plein succès est nécessairement plus éloigné. Moins un homme reçoit de leçons expresses ; plus il a d'idées qu'il ne doit qu'à la fréquentation de ses semblables et aux circonstances fortuites de sa vie :

et si l'on examine ceux même qui ont fait le plus d'études méthodiques, on verra qu'encore un grand nombre de leurs opinions les plus importantes est l'effet de l'atmosphère qui les environne, et de l'état de la société dans laquelle ils vivent. C'est pour cela que les institutions sociales seront toujours la partie la plus importante de l'éducation. (10) La classe pauvre est surtout dans ce cas : faisant peu d'études en formes, presque tout ce qu'elle apprend, c'est sans s'en douter. Les impressions qu'elle reçoit ; voilà ses cours : les almanachs ; voilà ses livres. Ainsi son instruction sera toujours proportionnée à celle de ceux qui font les almanachs, et de ceux à qui elle a affaire. Son éducation est donc aux trois quarts faite, si nous avons bien arrangé celle de la classe savante. Elle en dépend encore sous un autre rapport ; c'est que c'est cette classe éclairée qui doit lui fournir des instituteurs, des plans d'études, et des méthodes ; et c'est là le plus difficile.

Dans tous les genres, le pauvre, celui qui

(10) Je crois l'avoir bien prouvé dans un petit écrit, qui a paru à la fin de l'hiver de l'an 6, intitulé : *quels sont les moyens de fonder la morale d'un peuple*. A Paris, chez Agasse, imprimeur-libraire, rue des Poitevins, N° 18.

a peu de moyens, est condamné à ne jouir que des choses qui sont devenues communes. Tant qu'un pot de terre ou une marmite de fer est un chef-d'œuvre de l'art, il n'en a point. Lorsqu'il peut s'en procurer, d'autres ont déjà des porcelaines et des bronzes dorés. Il en est des résultats de la théorie comme des produits des arts. Une vérité n'est très-répandue que quand on en a découvert beaucoup d'autres qui y sont liées. On s'étonne quelquefois que le peuple soit en proie à tant d'erreurs. Car, dit-on, la classe ignorante n'invente rien. Tout lui est enseigné. Or il est bien plus aisé de persuader la vérité d'une idée raisonnable, que celle d'un conte absurde. Pourquoi donc tant d'opinions ridicules ont-elles une si grande faveur? C'est que ce sont les premières qui se présentent à un examen peu réfléchi, et que pour en sentir la fausseté, il faut avoir été beaucoup plus loin. Sur chaque question, il y a mille manières de s'égarer, et il n'y en a qu'une de se bien décider. Pour être certain de l'avoir rencontrée, il faut beaucoup de connaissances adjacentes qui souvent se font attendre. Or, nul homme, sans exception, n'a toujours la force de suspendre son jugement jusqu'à raison suffisante pour l'asseoir avec certitude. Mille opinions fausses se forment donc par provision ; et quand la vérité se découvre, elle trouve toujours la place occupée d'avance par l'erreur. Aussi n'y en a-t-il pas une dans le peuple, qui n'ait été celle de la classe supérieure dans des tems plus anciens. Il en est toujours à la vieille mode ; voilà son seul tort : et le soin de ceux qui veillent à son instruction, doit être continuellement et uniquement de lui faire part des idées qui ont remplacé celles dont il est imbu sur tous les points, tant de théorie que de pratique.

Je dis sur tous les points. Car les notions faibles ou fausses de l'homme le moins instruit, s'étendent sur des sujets tout aussi variés que les précieuses connaissances de l'homme le plus éclairé. Quiconque parle, a ses idées de grammaire, d'éloquence et de logique ; celui qui croit qu'en semant des pois à tel jour de la lune, on en aura trois boisseaux au lieu d'un, a ses principes de physique et de calcul ; et l'homme qui va assommer un marchand de farine pour faire diminuer le prix du bled, a ses opinions morales et politiques, comme celui qui sait que la liberté du commerce est la base de la prospérité, et que les moyens violens sont la source de tous les maux. Sans doute tous ces préjugés grossiers, confus, et disparates, ne méritent pas le nom de sciences ni celui de systêmes. Mais il n'en est pas moins vrai que, pour ne pas laisser le peuple livré à ces erreurs funestes, il faut lui enseigner les vérités qui se rapportent aux trois chefs que nous avons remarqués dans l'instruction de la classe supérieure. La sienne n'en doit différer que du plus au moins dans chaque genre. Il a moins de tems à y consacrer, moins de capacité de juger. Il ne s'ensuit pas qu'il faille lui prescrire des erreurs comme étant des formules plus abrégées. Ce ne sont pas non plus des développemens ni des discussions fines qu'il faut lui soumettre, mais des résultats sains qu'il faut lui présenter. Grande raison pour examiner scrupuleusement les instituteurs qu'on lui donne et les livres qu'on lui offre, et pour bien s'assurer qu'utiles sous un rapport, ils n'ont point d'inconvéniens graves sous un autre ; sans quoi c'est mêler le poison avec la nourriture, et le rendre plus pernicieux. J'aimerais bien mieux, surtout dans une société déjà perfectionnée, abandonner l'instruction du peuple au cours naturel des choses, et m'en rapporter sur ce point, comme sur beaucoup d'autres, à l'effet lent, mais sûr, de l'organisation sociale et de l'industrie particulière, que de lui faire donner au nom de l'Etat un enseignement qui fût entaché d'un seul vice essentiel; et de fortifier ainsi une erreur funeste de tout le poids de l'autorité publique : car c'est ordonner la chûte de celle-ci, au jour, qui ne peut manquer d'arriver, où la vérité se montrera.

Si l'on réunit ces réflexions à celles que j'ai faites en commençant, on pensera comme moi, j'espère, que l'instruction de la classe ouvrière est essentiellement distincte de celle de la classe savante; qu'elle ne doit pas en être une partie, mais le résumé; qu'elle en est une conséquence; qu'elle ne peut que la suivre de loin, et même à un assez long intervalle; et qu'enfin, c'est une chose impossible que de l'établir partout à la fois, d'une manière satisfaisante et réellement utile. Voyons ce qu'il y aurait à faire à cet égard, au moment où nous sommes.

Ecoles primaires, et apprentissages.

Cette instruction consiste en deux choses: les écoles primaires qui pour elle représentent les écoles centrales; et les apprentissages des différens métiers, qui répondent aux écoles spéciales. Le Gouvernement ne peut point améliorer directement cette dernière partie. C'est dans les ateliers de culture et de manufacture que se forment les ouvriers : tout ce que l'on peut faire pour qu'ils y reçoivent des notions plus saines et plus étendues, c'est d'accroître les connaissances, les moyens et le zèle des chefs de ces ateliers; c'est de porter promptement jusqu'à eux les nouvelles découvertes qui se font dans les sciences, et les heureuses applications qu'on en peut faire aux arts; c'est, si l'on veut, de former des établissemens où ces inventions soient sans retard examinées, discutées et employées. Ainsi, tout ce qui est possible dans ce genre se rapporte aux encouragemens à donner aux arts, et à certaines branches de l'instruction de la classe savante; mais ne peut être l'objet d'un enseignement direct à la classe ouvrière. Ce n'est donc pas ici le lieu d'en parler.

Restent les écoles primaires : il ne faut sans doute jamais sacrifier le présent à l'avenir, le bien possible au desir du mieux; c'est un principe qui a été trop souvent oublié : mais aussi dans aucun genre l'homme ne peut devancer l'ordre des tems, ni récolter avant la maturité. Or, nous avons vu combien de choses nous manquent encore pour établir sur toute la surface de la République des écoles primaires vraiment bonnes. Je crois donc que nous devons nous contenter d'en créer de passables, et le faire partiellement et successivement, à mesure que la possibilité s'en présentera. Je pense que dès que le ministre, ou par ses propres lumières, ou par les secours d'une société, telle que celle dont j'ai parlé, se sera assuré de la capacité du jury d'instruction d'un département, il doit le charger d'accueillir, de provoquer même les vœux des communes de son ressort qui desireraient des écoles primaires, et qui, en en demandant, présenteraient un homme digne de les diriger, et offriraient de supporter la moitié ou les trois-quarts de la dépense jugée par elles nécessaire à cet effet.

J'y mets ces deux conditions, la première parce que ces écoles seraient plus nuisibles qu'utiles si elles étaient en mauvaise main. Le jury serait juge du mérite de l'instituteur présenté.

La seconde me paraît tout aussi nécessaire, non pas seulement afin de soulager le trésor public d'une partie de cette immense dépense, mais parce que nulle leçon n'est utile que là où on desire la recevoir ; or, la meilleure preuve qu'on la desire sincèrement est de consentir à en payer une partie. D'ailleurs, c'est le moyen de profiter de toutes les ressources locales ; de faire dans chaque endroit tout ce qui est possible, sans entreprendre ce qui ne l'est pas ; d'exciter le zèle des particuliers, et de se procurer une grande économie sur le tout ; l'intérêt local plus clairvoyant et plus actif, s'unissant à l'intérêt général au lieu de le sacrifier, comme il n'arrive que trop souvent. C'est ainsi que l'on a vu qu'on répandait mieux les belles races d'animaux en vendant les élèves qu'en les donnant ; et que l'on faisait des chemins vicinaux plus utiles et mieux entendus, en associant à la dépense ceux qui les demandaient.

En prenant cette voie, il n'est pas douteux que beaucoup de communes manqueront d'abord d'écoles primaires, ici faute de zèle, là faute d'hommes, ailleurs faute de moyens pécuniaires ; et il ne me paraît pas moins sûr que là où il s'en établira elles ne seront pas en général excellentes dans les premiers momens ; cela est inévitable. Mais enfin, on y apprendra toujours à lire et à écrire ; on y recevra quelques notions utiles ; et il ne s'y donnera aucun enseignement pernicieux, puisque les instituteurs auront été choisis avec scrupule. Il s'opèrera donc beaucoup de bien et point de mal ; c'est tout ce que l'on peut espérer actuellement.

Pour que ces écoles deviennent plus nombreuses et meilleures, il faut qu'on ait rédigé pour elles des instructions et des livres élémentaires, et qu'on ait multiplié les hommes capables de les diriger. Mais ces biens ne peuvent résulter que de l'enseignement donné à la classe savante ; car ce seront les hommes qu'il aura formés qui se chargeront avec succès d'instruire le peuple ; et puisque l'instruction de celui-ci doit être l'abrégé et le résumé de l'instruction supérieure, il faut que cette instruction soit complettée, perfectionnée, et ait agi quelque tems avant que l'on puisse en extraire ce qu'il convient d'en transporter dans l'enseignement sommaire que doit recevoir la classe moins aisée.

Lorsqu'on sera arrivé à ce moment si desiré, il est aisé de voir tout le parti que l'on pourra tirer, et du plan d'études des écoles centrales, et des programmes de leurs cours, et des cahiers de leurs professeurs, et de tous les établissemens d'instruction dont j'ai parlé, et des talens des hommes qui y sont employés. On sent déjà combien il sera facile alors de répandre dans la masse des citoyens des lumières pures et assez étendues ; je n'ai donc pas besoin d'entrer dans plus de détail sur des choses qui ne sont pas encore exécutables, et qui, lorsqu'elles seront possibles, se feront mieux que je ne pourrais le dire. Il me suffit d'avoir indiqué la route qui me paraît seule conduire à un si heureux résultat ; et je terminerai ici ces réflexions, dont l'unique but est de prouver que les principes fondamentaux de nos institutions actuelles sont excellens, et que pour produire les meilleurs effets elles n'ont besoin que d'être achevées. Heureux si en en développant l'esprit j'en ai prévenu la désorganisation ! J'aurais pu aisément faire un gros livre, et me donner l'air d'inventeur ; mais je n'ai aspiré qu'à être utile ; et si je me suis trompé, c'est de si bonne-foi, que j'ai bien de la peine à le croire.

LOI
SUR L'ORGANISATION
DE
L'INSTRUCTION PUBLIQUE.

Du 3 Brumaire, an IV.

LA Convention nationale décrète :

TITRE PREMIER.
Écoles primaires.

ARTICLE PREMIER.

IL sera établi dans chaque canton de la République, une ou plusieurs écoles primaires, dont les arrondissemens seront déterminés par les Administrations de département.

II. Il sera établi dans chaque département plusieurs jurys d'instruction ; le nombre de ces jurys sera de six au plus, et chacun sera composé de trois membres nommés par l'Administration départementale.

III. Les Instituteurs primaires seront examinés par l'un des jurys d'instruction ; et sur la présentation des Administrations municipales, ils seront nommés par les Administrations de département.

IV. Ils ne pourront être destitués que par le concours des mêmes Administrations, de l'avis d'un jury d'instruction, et après avoir été entendus.

V. Dans chaque école primaire, on enseignera à lire, à écrire, à calculer, et les élémens de la morale républicaine.

VI. Il sera fourni par la République, à chaque Instituteur primaire, un local, tant pour lui servir de logement, que pour recevoir les élèves pendant la durée des leçons.

Il sera également fourni à chaque Instituteur le jardin qui se trouverait attenant à ce local.

Lorsque les Administrations de département le jugeront plus convenable, il sera alloué à l'Instituteur une somme annuelle, pour lui tenir lieu du logement et du jardin susdit.

VII. Ils pourront, ainsi que les Professeurs des écoles centrales et spéciales, cumuler traitement et pensions.

VIII. Les Instituteurs primaires recevront de chacun de leurs élèves une rétribution annuelle qui sera fixée par l'Administration de département.

IX. L'Administration municipale pourra exempter de cette rétribution un quart des élèves de chaque École primaire, pour cause d'indigence.

X. Les réglemens relatifs au régime des Écoles primaires seront arrêtés par les Administrations de département, et soumis à l'approbation du Directoire exécutif.

XI. Les Administrations municipales surveilleront immédiatement les Écoles primaires, et y maintiendront l'exécution des lois et des arrêtés des Administrations supérieures.

TITRE II.

Écoles centrales.

ARTICLE PREMIER.

Il sera établi une École centrale dans chaque département de la République.

II. L'enseignement y sera divisé en trois sections.

Il y aura dans la première section,

1°. Un Professeur de Dessin ;

2°. Un Professeur d'Histoire naturelle ;

3°. Un Professeur de Langues anciennes ;

4°. Un Professeur de langues vivantes, lorsque les Administrations de département le jugeront convenable, et qu'elles auront obtenu à cet égard l'autorisation du Corps législatif.

Il y aura dans la deuxième section,

1°. Un Professeur d'élémens de Mathématiques ;

2°. Un Professeur de Physique et de Chymie expérimentales.

Il y aura dans la troisième section,

1°. Un Professeur de Grammaire générale ;

2°. Un Professeur de Belles-lettres ;

3°. Un Professeur d'Histoire ;

4°. Un Professeur de Législation.

III. Les élèves ne seront admis aux cours de la première section, qu'après l'âge de douze ans ;

Aux cours de la seconde, qu'à l'âge de quatorze ans accomplis ;

Aux cours de la troisième, qu'à l'âge de seize ans au moins.

IV. Il y aura auprès de chaque École centrale une bibliothèque publique, un jardin et un cabinet d'histoire naturelle, un cabinet de chymie et physique expérimentales.

V. Les Professeurs des Écoles centrales seront examinés et élus par un jury d'instruction.

Les élections faites par le jury seront soumises à l'approbation de ladite administration.

VI. Les Professeurs des Écoles centrales ne pourront être destitués que par un arrêté de la même Administration, de l'avis du jury d'instruction, et après avoir été entendus.

L'arrêté de destitution n'aura son effet qu'après avoir été confirmé par le Directoire exécutif.

VII. Le salaire annuel et fixe de chaque Professeur est le même que celui d'un Administrateur de département.

Il sera de plus réparti entre les Professeurs le produit d'une rétribution annuelle qui sera déterminée par l'Administration de département, mais qui ne pourra excéder 25 livres pour chaque élève.

VIII. Pourra néanmoins l'Administration de département excepter de cette rétribution un quart des élèves de chaque section, pour cause d'indigence.

IX. Les autres réglemens relatifs aux Écoles centrales seront arrêtés par les Administrations de département, et confirmés par le Directoire exécutif.

X. Les communes qui possédaient des établissemens d'instruction, connus sous le nom de colléges, et dans lesquelles il ne sera pas placé d'école centrale, pourront conserver les locaux qui étaient affectés auxdits colléges, pour y organiser, à leurs frais, des Écoles centrales supplémentaires.

XI. Sur la demande des citoyens desdites communes, et sur les plans proposés par leurs Administrations municipales, et approuvés par les Administrateurs de département, l'organisation des Écoles centrales supplémentaires, et les modes de la contribution nécessaire à leur entretien, seront décrétés par le Corps législatif.

XII. L'organisation des Écoles centrales supplémentaires sera rapprochée, autant que les localités le permettront, du plan commun des Écoles centrales instituées par la présente loi.

TITRE III.

Des Écoles spéciales.

ARTICLE PREMIER.

Il y aura dans la République des Écoles spécialement destinées à l'étude.

1°. De l'Astronomie ;

2°. De la Géométrie et de la Mécanique ;

3°. De l'Histoire naturelle ;

4°. De la Médecine ;

5°. De l'Art vétérinaire ;

6°. De l'Économie rurale ;

7°. Des Antiquités ;

8°. Des Sciences politiques ;

9°. De la Peinture, de la Sculpture et de l'Architecture ;

10°. De la Musique.

Il y aura de plus des Écoles pour les Sourds-Muets et pour les Aveugles-nés.

III. Le nombre et l'organisation de chacune de ces Écoles seront déterminés par des lois particulières, sur le rapport du comité d'Instruction publique.

IV. Ne sont point comprises parmi les écoles mentionnées dans l'article premier du présent titre, les écoles relatives à l'Artillerie, au Génie militaire et civil, à la marine et aux autres services publics, lesquelles seront maintenues telles qu'elles existent, ou établies par des décrets particuliers.

TITRE IV.

Institut national des Sciences et des Arts.

ARTICLE PREMIER.

L'Institut national des sciences et des arts appartient à toute la République ; il est fixé à Paris : il est destiné, 1°. à perfectionner les sciences et les arts par des recherches non interrompues, par la publication des découvertes, par la correspondance avec les sociétés savantes et étrangères ; 2°. à suivre, conformément aux lois et arrêtés du Directoire exécutif, les travaux scientifiques et littéraires qui auront pour objet l'utilité générale et la gloire de la République.

II. Il est composé de membres résidans à Paris, et d'un égal nombre d'associés répandus dans les différentes parties de la République ; il s'associe des savans étrangers, dont le nombre est de vingt-quatre, huit pour chacune des trois classes.

III. Il est divisé en trois classes, et chaque classe en plusieurs sections, conformément au tableau suivant :

CLASSES.	SECTIONS	MEMBRES à PARIS.	ASSOCIÉS dans les Départemens.
Ire. *Sciences physiques et mathématiques.*	1 Mathématiques	6	6
	2 Arts mécaniques	6	6
	3 Astronomie	6	6
	4 Physique expérimentale	6	6
	5 Chymie	6	6
	6 Histoire naturelle et Minéralogie	6	6
	7 Botanique et Physique végétale	6	6
	8 Anatomie et Zoologie	6	6
	9 Médecine et Chirurgie	6	6
	10 Economie rurale et Arts vétérinaires	6	6
		60	60
IIe. *Sciences morales et politiques.*	1 Analyse des sensations et des idées	6	6
	2 Morale	6	6
	3 Science sociale et Législation	6	6
	4 Économie politique	6	6
	5 Histoire	6	6
	6 Géographie	6	6
		36	36
IIIe. *Littérature et Beaux-arts.*	1 Grammaire	6	6
	2 Langues anciennes	6	6
	3 Poësie	6	6
	4 Antiquités et Monumens	6	6
	5 Peinture	6	6
	6 Sculpture	6	6
	7 Architecture	6	6
	8 Musique et Déclamation	6	6
		48	48

IV. Chaque classe de l'Institut a un local où elle s'assemble en particulier.

Aucun membre ne peut appartenir à deux classes différentes ; mais il peut assister aux séances et concourir aux travaux d'une autre classe.

V. Chaque classe de l'Institut publiera, tous les ans, ses découvertes et ses travaux.

VI. L'Institut national aura quatre séances publiques par an : les trois classes seront réunies dans ces séances.

Il rendra compte, tous les ans, au Corps législatif, des progrès des sciences et des travaux de chacune de ses classes.

VII. L'Institut publiera tous les ans, à une époque fixe, les programmes des prix que chaque classe devra distribuer.

VIII. Le Corps législatif fixera tous les ans, sur l'état fourni par le Directoire exécutif, une somme pour l'entretien et les travaux de l'Institut national des sciences et des arts.

IX. Pour la formation de l'Institut national, le Directoire exécutif nommera quarante-huit membres, qui éliront les quatre-vingt-seize autres.

Les cent quarante-quatre membres réunis nommeront les associés.

X. L'Institut une fois organisé, les nominations aux places vacantes seront faites par l'Institut, sur une liste au moins triple, présentée par la classe où une place aura vaqué.

Il en sera de même pour la nomination des associés, soit français, soit étrangers.

XI. Chaque classe de l'Institut aura dans son local une collection des productions de la nature et des arts, ainsi qu'une bibliothèque relative aux sciences ou arts dont elle s'occupe.

XII. Les réglemens relatifs à la tenue des séances et aux travaux de l'Institut, seront rédigés par l'Institut lui-même et présentés au Corps législatif, qui les examinera dans la forme ordinaire de toutes les propositions qui doivent être transformées en lois.

TITRE V.

Encouragemens, récompenses et honneurs publics.

ARTICLE PREMIER.

L'INSTITUT national nommera, tous les ans au concours, vingt citoyens, qui seront chargés de voyager et de faire des observations relatives à l'agriculture, tant dans les départemens de la République, que dans les pays étrangers.

II. Ne pourront être admis au concours mentionné dans l'article précédent, que ceux qui réuniront les conditions suivantes :

1°. Etre âgé de vingt-cinq ans au moins ;

2°. Etre propriétaire ou fils de propriétaire d'un domaine rural formant un corps d'exploitation, ou fermier ou fils de fermier d'un corps de ferme d'une ou de plusieurs charrues, par bail de trente ans au moins ;

3°. Savoir la théorie et la pratique des principales opérations de l'agriculture ;

4°. Avoir des connaissances en arithmétique, en géométrie élémentaire, en économie politique, en histoire naturelle en général, mais particulièrement en botanique et en minéralogie.

III. Les citoyens nommés par l'Institut national voyageront pendant trois ans aux frais de la République, et moyennant un traitement que le Corps législatif déterminera.

Ils tiendront un journal de leurs observations, correspondront avec l'Institut, et lui enverront, tous les trois mois, les résultats de leurs travaux, qui seront rendus publics.

Les sujets nommés seront successivement pris dans chacun des départemens de la République.

IV. L'Institut national nommera, tous les ans, six de ses membres pour voyager, soit ensemble, soit séparément, pour faire des recherches sur les diverses branches des connaissances humaines autres que l'agriculture.

V. Le palais national à Rome, destiné jusqu'ici à des élèves français de peinture, sculpture et architecture, conservera cette destination.

VI. Cet établissement sera dirigé par un peintre français ayant séjourné en Italie, lequel sera nommé par le Directoire exécutif pour six ans.

VII. Les artistes français désignés à cet effet par l'Institut, et nommés par le Directoire exécutif, seront envoyés à Rome. Ils y résideront cinq ans dans le palais national, où ils seront logés et nourris aux frais de la République, comme par le passé: ils seront indemnisés de leurs frais de voyage.

VIII. La nation accorde à vingt élèves, dans chacune des écoles mentionnées dans les titres II et III de la présente loi, des pensions temporaires, dont le *maximum* sera déterminé chaque année par le Corps législatif.

Les élèves auxquels ces pensions devront être appliquées, seront nommés par le Directoire exécutif, sur la présentation des Professeurs et des Administrations de département.

IX. Les Instituteurs et Professeurs publics établis par la présente loi, qui auront rempli leurs fonctions durant vingt-cinq années, recevront une pension de retraite, égale à leur traitement fixe.

X. L'Institut national, dans ses séances publiques, distribuera chaque année plusieurs prix.

XI. Il sera, dans les fêtes publiques, décerné des récompenses aux élèves qui se seront distingués dans les écoles nationales.

XII. Des récompenses seront également décernées, dans les mêmes fêtes, aux inventions et découvertes utiles, aux succès distingués dans les arts, aux belles actions, et à la pratique constante des vertus domestiques et sociales.

XIII. Le Corps législatif décerne les honneurs du Panthéon aux grands hommes dix ans après leur mort.

TITRE VI.

Fêtes nationales.

ARTICLE PREMIER.

DANS chaque canton de la République, il sera célébré, chaque année, sept fêtes nationales; savoir :

Celle de la fondation de la République, le 1er vendémiaire;
Celle de la Jeunesse, le 10 germinal;
Celle des Époux, le 10 floréal;
Celle de la Reconnaissance, le 10 prairial;
Celle de l'Agriculture, le 10 messidor;
Celle de la Liberté, les 9 et 10 thermidor;
Celle des Vieillards, le 10 fructidor.

II. La célébration des fêtes nationales de canton consiste,
En chants patriotiques;
En discours sur la morale du Citoyen;
En banquets fraternels;
En divers jeux publics, propres à chaque localité.
Et dans la distribution des récompenses.

III. L'ordonnance des fêtes nationales en chaque canton, est arrêtée et annoncée à l'avance par les Administrations municipales.

IV. Le Corps législatif décrète chaque année, deux mois à l'avance, l'ordre et le mode suivant lesquels la fête du 1er vendémiaire doit être célébrée dans la commune où il réside.

Visé. Signé ENJUBAULT.

Collationné. *Signé* L. M. REVEILLIÈRE-LÉPEAUX, ex-président; BOUCHER-SAUVEUR, secrétaire; ROGER-DUCOS, ex-secrétaire.

BASES DU PLAN D'ÉTUDES.

1°. Il est regardé comme convenu que l'éducation doit pouvoir être finie à vingt ans.

2°. Que de ces vingt années, les trois ou quatre dernières doivent être réservées pour les écoles spéciales.

3°. Que par conséquent le cours des études des écoles centrales, ne doit pas occuper plus de huit ans, même pour les élèves qui arriveraient sans aucune connaissance préliminaire.

4°. Que ce cours doit renfermer les connaissances nécessaires à la généralité des citoyens, et préparer seulement les élèves aux études spécialement nécessaires à l'état auquel ils se destinent.

5°. Qu'il ne suffit pas de donner aux élèves diverses connaissances; mais qu'il faut les entretenir dans chacune jusqu'à la fin de leur cours d'études et à leur entrée aux écoles spéciales.

6°. Que la création d'une seconde chaire de langues anciennes est nécessaire.

7°. Que le Professeur d'histoire naturelle doit prendre le nom de Professeur d'histoire naturelle et de chymie, et enseigner toutes les parties de la physique, qui ne sont pas de nature à être soumises au calcul, ou qui ne sont pas assez avancées pour cela.

8°. Que le Professeur de physique doit être nommé Professeur de mathématiques appliquées et de physique générale, et enseigner toutes les parties de la physique que l'on traite par le moyen des mathématiques.

9°. Enfin, il faut que ni les professeurs ni les élèves ne soient surchargés de travail.

TABLEAU DU PLAN D'ÉTUDES DES ÉCOLES CENTRALES.

LANGUES ET BELLES-LETTRES.	SCIENCES PHYSIQUES ET MATHÉMATIQUES.	SCIENCES IDÉOLOGIQUES, MORALES ET POLITIQUES.	ANNÉES.
Notions élémentaires de Latin et de Français. (a)	Notions élémentaires de Calcul. (b)		1re Année.
Suite des mêmes.	Notions élémentaires de Géographie physique et d'Histoire naturelle. (c)	Notions élémentaires de Géographie politique et historique. (d)	2e Année.
Cours de Latin et de Grec.	Cours de Mathématiques pures. (f)	Cours de Grammaire générale. (g)	3e Année.
Suite du même. (e)	Suite du même.	Suite du même.	4e Année.
Suite du même.	Cours d'Histoire naturelle et de Chymie. (h)	Cours de Morale et Législation. (i)	5e Année.
Suite du même.	Suite du même.	Suite du même.	6e Année.
Ier Cours de Belles-Lettres. (Rhétorique.) (k)	Cours de Mathématiques appliquées et de Physique générale. (m)	Cours d'Histoire. (n)	7e Année.
IIe Cours de Belles-Lettres. (Idéologie.) (l)	Suite du même.	Suite du même.	8e Année.

LE DESSIN.

Est cultivé continuellement pendant ces huit années, dans tous les tems que laissent libres les autres occupations, auxquelles il sert de délassement.

Nota. Il en est de même des autres Arts agréables, des exercices du corps, et des Langues vivantes, dont les jeunes gens peuvent prendre des leçons particulières.

NOTES.

(a) Ce cours est fait tout entier par le premier Professeur de Langues anciennes. Exigeant une leçon tous les jours, ce Professeur en donnera *deux* par jour, ou *seize* par décade.

(b) Ce cours est fait par le Professeur de Mathématiques pures. On estime qu'il exige tout au plus *soixante* leçons. Ainsi c'est *deux leçons par décade* pendant les *dix* mois de l'année scolaire.

(c) Ce cours est fait par le Professeur d'Histoire naturelle et de Chymie. Même durée que le précédent.

(d) Ce cours est fait par le Professeur d'Histoire. Même durée.

(e) Ce cours de quatre ans est fait tout entier par le second Professeur de Langues anciennes; mais n'exigeant qu'une leçon tous les deux jours, cela n'oblige encore ce Professeur qu'à deux leçons par jour, comme son collègue.

(f) Ce cours de deux ans n'exige qu'une leçon tous les deux jours pour les élèves. C'est pour le Professeur une leçon tous les jours. Avec son cours élémentaire cela fait dix leçons par décade.

(g) Ce cours vient après les notions élémentaires du Latin, en même tems que le vrai cours de cette langue et que le cours de Mathématiques pures, et avant l'étude des Sciences morales et politiques dont il est le préambule indispensable.

Il paraît donc que c'est là sa vraie place *obligée et nécessaire.*

On ne doit pas craindre qu'il soit au-dessus de la portée d'élèves, à qui l'on parle de Grammaire depuis deux ans, et que l'on croit en état d'apprendre les Mathématiques.

Il contribuera merveilleusement au succès du cours de Latin et de Grec: il sera un excellent cours de Français dans les départemens où il en faut un; et il aidera même beaucoup à bien comprendre les leçons de Mathématiques. Enfin, c'est le cours élémentaire de Logique, qui est seulement placé plus tard que les cours élémentaires de Latin, de Mathématiques, de Physique et d'Histoire.

Ce cours de deux ans ne nécessitant qu'une leçon tous les deux jours, il n'obligera le Professeur qu'à une classe par jour.

(h) Ce cours doit comprendre toutes les parties des Sciences naturelles et physiques qui ne sont pas de nature à être soumises au Calcul, ou ne sont pas assez avancées pour cela. Il exige une leçon tous les deux jours. Donc c'est une classe par jour pour le Professeur.

(i, m, n) Ces trois cours ont le même nombre de leçons que le précédent.

Ainsi les Professeurs de Législation et de Mathématiques appliquées n'auront jamais qu'une classe par jour, et les Professeurs d'Histoire naturelle et d'Histoire n'en auront deux que les jours de leur cours élémentaire; c'est-à-dire, *soixante jours* dans l'année. Voyez les notes *c* et *d*.

(k) Ce cours ne dure qu'un an; mais le Professeur de Belles-Lettres n'ayant que ce cours, peut donner leçon tous les jours, ce qui produira le nombre de *deux cent quarante* leçons, comme si ce cours, ainsi que plusieurs autres, durait deux ans, à une leçon tous les deux jours.

(l) Ce second cours de Belles-lettres doit être fait par le Professeur de Grammaire générale. C'est en même tems le cours supérieur de cette science et la Philosophie de la littérature.

Quand il exigerait une leçon tous les jours, cela ne ferait encore, avec le cours élémentaire de cette science (note *g*), que deux classes par jour pour le Professeur.

On peut, si on le préfère, placer ce second cours de Belles-lettres avant le premier; mais je le crois mieux après, parce que l'on doit y apprendre à se rendre compte en philosophe des effets que le Professeur de Belles-lettres aura exposés en Littérateur, et qu'il faut connaître les choses avant d'en raisonner.

NOTE DERNIÈRE.

Je prie que l'on observe qu'aucun Professeur n'a plus de deux leçons par jour, et que plusieurs n'en ont qu'une. Ainsi aucuns ne sont surchargés.

On voit de plus que les élèves ne suivent jamais plus de trois cours à la fois; et n'ont tout au plus que deux leçons par jour, et souvent qu'une. Ainsi ils ont bien le tems de travailler chez eux, de se reposer, et même de redoubler tout ou partie d'un cours qu'ils auraient manqué ou négligé: ce qui est nécessaire.

Enfin, je demande une grace, c'est que l'on veuille bien se donner la peine d'étudier, avec quelqu'attention, le jeu de toutes les parties de ce Plan d'études, et leurs correspondances mutuelles; et je me persuade que l'on trouvera qu'il remplit assez bien toutes les conditions du problême d'une éducation complette et méthodique, où rien n'est oublié ni abandonné au hasard.

www.ingramcontent.com/pod-product-compliance
Ingram Content Group UK Ltd.
Pitfield, Milton Keynes, MK11 3LW, UK
UKHW012055240726
13965UKWH00004B/1311

9 782013 033336